授業をグーンと楽しくする英語教材シリーズ 39

1日10分で
話す力・書く力が身に付く！

中学生のための
英語表現
BINGO

日臺滋之・仲　圭一・山田　洋 著

明治図書

はじめに

本書は中学生のコミュニケーション能力の育成のためのワークシート集です。英語の「学習指導要領」では，英語教育の目標として「コミュニケーション能力の育成」が掲げられており，さまざまなワークシートが活用されていますが，本書のワークシートには以下のような特徴があります。

1 日英パラレルコーパス（EasyConc.xlsm＊）で抽出した，中学生が日常会話で表現したくてもできなかった英文（英語表現）を取り上げています。

2 教材には3×3マスのBINGOを取り入れ，中学1年から3年までの文法項目に沿った英語表現を，楽しみながら短時間で身に付けることができます。

3 各項目は2シートで構成し，BINGO，Chat，Exerciseのトリプルタスクで，「話すこと」「書くこと」の力だけでなく，4技能をバランスよく伸ばすことができます。

本書で取り上げた英文の多くは教師が経験と勘のみで創作した英文ではなく，学習者がコミュニケーション活動で必要とし，表現したいと思った英文です。ですので，本書の言語活動を通して多くの中学生にフィードバックをすることができます。

本書では，語彙のインプットとしてBINGOを用いています。早くからBINGOを英語の授業実践に取り入れられた長勝彦氏に御礼申しあげます。

本書で使用したEasyConc.xlsmの開発では，大村あつし氏にご協力いただきました。さらに，iPhoneやiPadでも使用できるように内藤清志氏にもご協力いただきました。この場を借りて両氏に御礼申し上げます。また，日本語から英語への翻訳作業では，玉川大学のPhilip Rowland氏にお世話になりました。また，この本の出版にあたり，明治図書の木山麻衣子さんにも大変お世話になりました。

そして最後に，日々授業を一緒に作ってくれた生徒の皆さんに心よりお礼を述べたいと思います。

2016年7月

日臺滋之・仲　圭一・山田　洋

＊ EasyConc.xlsmは，誰もが自由にダウンロードできるフリーウエアです。開発には，科学研究費補助金研究の支援を受けています。次のURLからダウンロードすることができます。http://www.tamagawa.ac.jp/research/je-parallel/

Contents

CHAPTER 2 中学2年 英語表現BINGO

CHAPTER 3　中学3年 英語表現BINGO

本書の構成と使い方

●本書の構成

ワークシートはPart1とPart2とから構成され，見開きで，１つの文法事項を扱っています。教科書で扱う大切な文法事項をカバーしており，扱う重点的な文法事項がタイトルでわかるようになっています。

Part 1

3 疑問詞 What ～ do you like? Part1　　Class　　Number　　Name

What sports teams do you like?

（あなたはどのスポーツチームが好きですか？）

Let's play Bingo! 次の語句を声に出して言ってみよう。次に表の中に書き込んでみよう。同じ語句は２度書かないようにしよう。

What kind of movie（どんな種類の映画）/ science fiction movies（SF 映画）/ comedy movies（コメディー映画）/ action movies（アクション映画）/ What kind of music（どんな種類の音楽）/ pop music（ポップス）/ rock music（ロック）/ classical music（クラッシック）/ What food（どんな料理）/ Japanese food（和食）/ Italian food（イタリア料理）/ Chinese food（中華料理）

Let's Chat! 二人一組になり，下線部をかえて会話してみよう。

A What sports teams do you like?
B I like basketball. I like the Los Angeles Lakers.
A I like them too. / Really? I like the Chicago Bulls.

Check!
□◎スラスラ言えた。□○少しつかえた。□△何回もつかえた。

BINGOで語句をインプットする

教師と生徒または生徒同士で行う語句を増やす活動です。コミュニケーション活動で必要となる表現をBINGOを通してインプットします。取り上げた語句は，コミュニケーション活動で必要となる表現ばかりです。

二人一組になり，役割を決めて会話する（聞くこと・話すこと）

BINGOでインプットした語句を会話しながら実際に使うことによって身に付けていきます。インプットした表現をアウトプットすることが必要です。コミュニケーション活動の中でインプットした表現を使うことによって習得することをねらっています。生徒自身の力で語句を活用することが難しい場合には，ヒントなどを参考にするとスムーズに活動することができます。

Check!（自己評価コーナー）で活動を振り返る

活動の後に，自己評価によって学習を振り返ります。自己評価が○や△の場合には，◎になるようにもう一度トライします。

Part 2

3 疑問詞 What ～ do you like? Part2　　Class　　Number　　Name

What kind of music do you like?
（どんな音楽が好きですか？）

Exercise 1　次の各文を声に出して読んでみよう。その後，その意味を日本語で書いてみよう。

① What baseball teams do you like?　……………………
② What food do you usually eat for breakfast?　……………………
③ What kind of DVDs do you watch?　……………………
④ What kind of dishes do you usually make?　……………………

Exercise 2　次の日本語表現を英語でどう言いますか。（　）内に適する語を書いてみよう。その後，会話らしく言ってみよう。

① どんな映画が好きですか？　(　　) (　　) of (　　) do you like?
アクション映画が好きです。　I like action movies.
② どんな本が好きですか？　(　　) (　　) (　　) (　　) do you like?
ミステリー小説が好きです。　I like mysteries.
③ どんな髪型にしますか？　(　　) (　　) (　　) hairstyle do you like?
短く切ってください。　I like short hair.
④ ワン・ダイレクション の何て歌が好きなの？　(　　) (　　) by One Direction do you like?
'What Makes You Beautiful' だよ。　I like 'What Makes You Beautiful'.

Check!
□◎7-8問正解　□○4-6問正解　□△3問以下

各文を声に出して読み，その意味を日本語で書く（読むこと）

文構造を意識して正確に意味を捉える活動です。必要に応じて辞書を活用する活動です。声に出して読んでみる作業も大切にします。

音読ができたら，その意味を日本語で書きます。意味のわからない語句があれば，辞書で調べます。ここにも，コミュニケーション活動の際に，英語で言いたかったけれど言えなかった表現が盛り込まれています。

日本語表現を英語でどう言うか書く（書くこと）

表現力を高める活動です。書くことによって，これまでに学習した知識を確認します。この活動は，このような日本語表現を英語でどう言ったらよいのか，パッと口をついて言えるようになるまで練習して欲しいものです。会話文の日本語は日常的な生徒の気持ちを表しています。

Check！（自己評価コーナー）で学習を振り返る

Part2の正解数を各章末の解答編で答えを確認します。自己評価の目安をもとに，△が○に，○が◎になるように練習を繰り返します。

●本書の使い方

自宅学習の課題として活用できる—家庭学習の習慣化

Part1のBINGOは，授業の始まる前までに生徒に書き込んでおくように指導し，家庭学習として習慣化したいものです。書く作業は個人差が大きいので家庭での課題として与えておくのがよいと思います。

授業の最初の10分程度を帯学習で活用できる—繰り返し指導し定着を図るために

Part1もPart2もそれぞれが10分～15分程度を目安に行えるように言語活動を組んでいます。各活動で使用する表現語句は生徒がコミュニケーション活動で表現したかった語句が多く取り入れられていますので，本書を教科書での学習を補って活用することで生徒の表現力を伸ばすことができます。表現語句は少しずつ定着していくものですから繰り返しの学習が必要となります。Part2の「日本語表現を英語でどう言いますか」の活動は，一度やったからおしまいではなく，授業の最初のwarm-upとして繰り返し活動に取り組むことによって生徒の表現語句の定着を図ることができます。

復習教材として活用できる

教科書で文法事項を学習した後，本書を復習教材として使用します。Part1とPart2には，コミュニケーション活動で学習者が英語で表現したいと思った語句が使われています。

Part1のBINGOでは，語句を表に書き込むことによって語句をインプットし，その後の会話ではその語句を用いて話したり，聞いたりします。Part2の英文和訳では文構造を意識して正確に和訳できるように取り組み，また必要に応じて辞書を使用します。最後の穴埋め問題では，こなれた日本語表現を英語で表現することを通して英語による表現力を育成することができます。

EasyConc.xlsm を使った教材が必要な6つの理由

1 EasyConc.xlsm は通常のコーパスとは違います

British National Corpus のように通常のコーパスは，話したり，書いたり表現できたことを集めて構築したものです。EasyConc.xlsm は，生徒がコミュニケーション活動で表現したいと思っていたけれども，うまく表現できないためにあきらめてしまったことを後から日本語で書いてもらい，英語に直し日本語と英語の一対一対応にして構築したコーパスです。生徒が表現できなかったことを集めたという点で，通常のコーパスとは全く異なります。

生徒の表現能力を伸ばすためには，生徒がコミュニケーション活動で言えなかった表現を教師が突き止め，生徒にフィードバックすることが大切だと思います。このリソースを提供してくれるのが EasyConc.xlsm の真骨頂です。またこのような表現は生徒がコミュニケーション活動を行う上で必要としている表現ですから，生徒に定着しやすいものと思われます。Nation（2008: 97）でも以下のように述べられています。The positive effects of vocabulary teaching are that it can provide help when learners feel it is most needed.

2 教科書準拠のワークブックとは違います

ワークやドリルなどの教材は，教科書で提示された語彙，文法の復習と定着のために活用するものですが，EasyConc.xlsm は生徒がコミュニケーション活動で必要とする表現語句から構築され，教師が目的に応じて表現語句を検索し，言語活動に活用することで生徒の表現能力を高めることができます。本書はそのような EasyConc.xlsm を活用し作成されています。

3 英語表現は自然に身に付くわけではありません

中学校で行ったチャットの活動を，冬休み明けの高校の授業でも行ってみると，高校生からは以下の質問が寄せられました。一番多かった質問は，「二泊三日。三泊四日をどう言えばいいかわからなかったです。四泊五日。五泊六日。滞在期間は？　何泊何日泊まった？」でした。次に，「『他には何をしたか』と聞くとき，『他には』という言い方がよくわからなかった」というものです。続いて，「おせちは Osechi でよいのでしょうか？　おせちを食べた。おせち料理をお腹一杯食べた」でした。最後に，「時給はいくら？」というものでした。最後の質問は高校生らしい質問ですが，それ以外は中学生から寄せられた質問と同じです。つまり，中学で言えないことは高校でも指導されないと言えるようにはなりません。生徒の求める表現を知り授業で対応していく必要があります。

4 生徒目線のデータです

EasyConc.xlsm には，現在3,200件を越える日本語の質問とその英訳が載せられています。

Chat の活動の後，生徒から寄せられた質問を時系列に通し番号で載せています。前に出てきた質問と同じ内容の質問が出てきても省略しないでそのまま載せています。

下記の表は，EasyConc.xlsm で「おみくじ」を検索した結果です。似たような日本語の質問が多数あるということは，質問の頻度を考えると，生徒が英語でどう表現してよいか困難に感じている度合いが高いということがわかります。

1014	I drew (chose) my fortune slip. I got the best one. (I drew the best one. I drew the worst one.)	**おみくじ**を引いて大吉が出た。大凶が出た。	13. 日本紹介
1726	I drew my fortune slip at the shrine.	**おみくじ**を引いた。	13. 日本紹介
2095	I drew a fortune slip.	**おみくじ**を引いた。	13. 日本紹介
2145	The fortune slip I drew said (or predicted) happiness.	**おみくじ**を引いたら吉でした。	13. 日本紹介
2343	My fortune slip said "happiness".	**おみくじ**の結果が「吉」だった。	13. 日本紹介
2415	I drew a New Year's fortune slip at the shrine.	私は初詣で**おみくじ**を引きました。	13. 日本紹介
2419	My fortune slip said "a little happiness".	**おみくじ**が小吉。	13. 日本紹介
2545	I picked (took) a fortune slip at the shrine.	**おみくじ**を引いた。	13. 日本紹介
2548	I picked a fortune slip at the shrine.	神社で**おみくじ**を引いた。	13. 日本紹介
2774	I drew a fortune slip.	**おみくじ**を引いた。	13. 日本紹介
2779	The fortune slip I drew predicted "happiness".	**おみくじ**を引いて吉だった。	13. 日本紹介
2780	The fortune slip I drew predicted "great happiness".	**おみくじ**を引いて大吉が出た。	13. 日本紹介
2793	I drew a fortune slip.	**おみくじ**を引いた。	13. 日本紹介
2803	The fortune slip I drew said "great happiness".	**おみくじ**を引いたら大吉が出た。	13. 日本紹介

毎年，冬休み明けの最初の授業ではChat の活動を実施しており，上記の表ですと，生徒から寄せられた1014番目の質問と，それから数年経って入学してきた生徒の2803番目の質問がほぼ同じということから，難しい表現について生徒は似た質問を繰り返ししてくること，また日本文化を表す「おみくじ」「大吉」等は英語で表現しにくいことがわかります。

5 和英辞典を補完する役割もあります

上記の検索結果からもわかるように，EasyConc.xlsm では日本語から英語の文例を検索することができますし，英単語，英語の表現からも英語の文例を検索可能な仕様になっています。EasyConc.xlsm は表現辞典の特徴を持っており，生徒が手軽に使用できます。

6 中学生の自己表現活動に役立ちます

EasyConc.xlsm には，生徒が表現したいと思った語句で構築されている性質上，生徒のニーズが反映されています。「対戦相手はどこ？」「どことどこが戦ったの？」「どっちが何対何で勝ったの？」「大吉が出た」といった表現は，通常の辞典の見出し語には見られませんが，生徒の発想が反映されています。文例に生徒自身の生活が描写され，反映されていることが大きな特徴です。

1 疑問詞 what Part1

Class　　Number　　Name

What is this in English?

（これは英語で何て言いますか？）

Let's play Bingo! **次の語句を声に出して言ってみよう。次に表の中に書き込んでみよう。同じ語句は２度書かないようにしよう。**

Monday（月曜日）/ Tuesday（火曜日）/ Wednesday（水曜日）/ Thursday（木曜日）/ Friday（金曜日）/ Saturday（土曜日）/ April（４月）/ May（５月）/ what（何）/ in English（英語で）/ favorite（大好きな）/ favorite food（大好物）/ favorite baseball team（大好きな野球チーム）

Let's Chat! **二人一組になり，下線部をかえて会話してみよう。**

A What's this in English?　（机の上や教室にあるものを指して，質問しよう。）

B It's a pencil case.

Check!

□◎スラスラ言えた。□○少しつかえた。□△何回もつかえた。

1 疑問詞 what　Part2

Class　　Number　　Name

What is your favorite animation program?

(一番好きなアニメ番組は何ですか？)

Exercise 1 次の各文を声に出して読んでみよう。その後，その意味を日本語で書いてみよう。

① What day of the week is it today? ……………………

② What is the date today? ……………………

③ What is your favorite soccer team? ……………………

④ What is your favorite food? ……………………

Exercise 2 次の日本語表現を英語でどう言いますか。(　) 内に適する語を書いてみよう。その後，会話らしく言ってみよう。

① あなたの好きな野球チームはどこですか？　(　　　) is your favorite baseball team?
ジャイアンツです。　I like the Giants.

② テストは何曜日？　What (　　　) is the test?
火曜日です。　It's on Tuesday.

③ あなたの一番好きなキャラクターは何ですか？　(　　　) is your (　　　) character?
トトロです。　I like *Totoro.*

④ あなたの好きな漫画は何？　(　　　) (　　　) (　　　) favorite *manga*?
ドラえもんだけど。　I like *Doraemon.*

Check!
□◎7-8問正解　□○4-6問正解　□△3問以下

Class　Number　Name

Do you like sports?

（あなたはスポーツが好きですか？）

Let's play Bingo! **次の語句を声に出して言ってみよう。次に表の中に書き込んでみよう。同じ語句は２度書かないようにしよう。**

play the piano（ピアノを弾く）/ play catch（キャッチボールをする）/ practice baseball（野球の練習をする）/ in the park（公園で）/ in the gym（体育館で）/ in the playground（校庭で）/ after school（放課後）/ during lunch break（昼休みに）/ be on the track and field team（陸上部に入っている）/ be in the brass band club（ブラスバンドクラブに入っている）

Let's Chat! **二人一組になり，次の質問を相手にしてみよう。**

A Do you like sports?

B Yes, I do. I'm on the soccer team. I'm a fan of Honda Keisuke. How about you?（または，B Well, I don't like sports very much. I like music. I'm in the brass band club. I play the trumpet.）＊Bは自分のことを話します。

Check!
□◎スラスラ言えた。□○少しつかえた。□△何回もつかえた。

Class　　Number　　Name

Do you have any interesting books?

（あなたは面白い本を持っていますか？）

Exercise 1　次の各文を声に出して読んでみよう。その後，その意味を日本語で書いてみよう。

① I have soccer practice every morning, so I get up early.　……………………

② Do you like music?　……………………

Yes, I am a fan of the Beatles.　……………………

③ Do you have any plans this Sunday afternoon?　……………………

Exercise 2　次の日本語表現を英語でどう言いますか。（　）内に適する語を書いてみよう。その後，会話らしく言ってみよう。

① 私はバットの素振りの練習とキャッチボールをします。	I practice my swing and (　　　)(　　　).
② あなたには兄弟か姉妹はいるの？	Do you (　　　)(　　　) brothers or sisters?
いいえ，一人っ子なのよ。	No, I'm an only child.
③ 毎週日曜日に野球の練習があるの？	Do you (　　　) baseball on Sundays?
うん，あるよ。	Yes, I (　　　　　).
④ 今日の午後ひま？	(　　　) you free this afternoon?
いいえ，ピアノのレッスンがあるのよ。	No, I (　　　) not. I (　　　) a piano lesson this afternoon.

Check!

□◎7-8問正解　□○4-6問正解　□△3問以下

3 疑問詞 What ～ do you like? Part1

Class　　Number　　Name

What sports teams do you like?

(あなたはどのスポーツチームが好きですか？)

Let's play Bingo! **次の語句を声に出して言ってみよう。次に表の中に書き込んでみよう。同じ語句は２度書かないようにしよう。**

What kind of movie（どんな種類の映画）/ science fiction movies（SF 映画）/ comedy movies（コメディー映画）/ action movies（アクション映画）/ What kind of music（どんな種類の音楽）/ pop music（ポップス）/ rock music（ロック）/ classical music（クラッシック）/ What food（どんな料理）/ Japanese food（和食）/ Italian food（イタリア料理）/ Chinese food（中華料理）

Let's Chat! **二人一組になり，下線部をかえて会話してみよう。**

A What sports teams do you like?

B I like basketball. I like the Los Angeles Lakers.

A I like them too. / Really? I like the Chicago Bulls.

Check!

□◎スラスラ言えた。□○少しつかえた。□△何回もつかえた。

3 疑問詞 What ~ do you like? Part2

Class　　Number　　Name

What kind of music do you like?

(どんな音楽が好きですか？)

Exercise 1 **次の各文を声に出して読んでみよう。その後，その意味を日本語で書いてみよう。**

① What baseball teams do you like? ....

② What food do you usually eat for breakfast? ....

③ What kind of DVDs do you watch? ....

④ What kind of dishes do you usually make? ....

Exercise 2 **次の日本語表現を英語でどう言いますか。(　) 内に適する語を書いてみよう。その後，会話らしく言ってみよう。**

① どんな映画が好きですか？　(　　) (　　) of (　　) do you like?

アクション映画が好きです。　I like action movies.

② どんな本が好きですか？　(　　) (　　) (　　) (　　) do you like?

ミステリー小説が好きです。　I like mysteries.

③ どんな髪型にしますか？　(　　) (　　) (　　) hairstyle do you like?

短く切ってください。　I like short hair.

④ ワン・ダイレクションの何て歌が好きなの？　(　　) (　　) by One Direction do you like?

'What Makes You Beautiful' だよ。　I like 'What Makes You Beautiful'.

Check!

□◎7-8問正解　□○4-6問正解　□△3問以下

4 疑問詞 How many ～ ? / How ～ ? Part1

Class　　Number　　Name

How many members do you have?

（部員は何人ですか？）

Let's play Bingo! **次の語句を声に出して言ってみよう。次に表の中に書き込んでみよう。同じ語句は２度書かないようにしよう。**

books / read / music / CDs / swimming（水泳）/ hours（時間）/ sing at karaoke（カラオケで歌う）/ movies / DVDs / rent（借りる）/ on the basketball team（バスケ部）/ in the chorus club（合唱部）/ in the brass band club（吹奏楽部）

Let's Chat! **二人一組になり，下線部をかえて会話してみよう。**

A What club are you in?

B I am on the basketball team. (in the chorus club)

A How many members do you have?

B We have thirteen.

Check!

□◎スラスラ言えた。□○少しつかえた。□△何回もつかえた。

4 疑問詞 How many ～？/ How ～？ Part2

Class　　Number　　Name

How do you say *omochi* in English?

（おもちを英語で何と言うのですか？）

Exercise 1 次の各文を声に出して読んでみよう。その後，その意味を日本語で書いてみよう。

① How many comic books do you have? ……………………

② How many CDs do you buy in a month? ……………………

③ How many hours are you usually at karaoke? ……………………

④ How do you spell ‘test’ in English? ……………………

Exercise 2 次の日本語表現を英語でどう言いますか。（　）内に適する語を書いてみよう。その後，会話らしく言ってみよう。

① 鳥を何羽飼っているのですか？　(　　　)(　　　)(　　　) do you have?

2羽です。　I have two.

② 何人家族ですか？　(　　　)(　　　)(　　　) are in your family?

5人家族です。　Five (　　　).

③ シャーペンを英語で何と言うのですか？　(　　　)(　　　)(　　　) say ‘*shapen*’ in English?

Mechanical pencil と言います。　We say ‘mechanical pencil’.

④ 君はどうやって学校へ通っているの？　(　　　)(　　　)(　　　) come to school?

中目黒駅からバスで通っているよ。　I take a bus to school from Nakameguro Station.

Check!

□◎7-8問正解　□○4-6問正解　□△3問以下

1年BINGO

5 疑問詞 where　Part1

Class　　Number　　Name

Where do you practice soccer?

（あなたはどこでサッカーの練習をしますか？）

Let's play Bingo! **次の語句を声に出して言ってみよう。次に表の中に書き込んでみよう。同じ語句は２度書かないようにしよう。**

practice soccer / play tennis / at the soccer field in Komazawa Park（駒沢公園のサッカーグランド）/ go to the concert / go shopping（買い物に行く）/ take a practice test（模試を受ける）/ buy stationery（文房具を買う）/ in the hall（公民館で）/ in the gym（体育館で）/ at the bookstore / at my cram school（塾で）

Let's Chat! **二人一組になり，下線部をかえて会話してみよう。**

A I have a club activity this weekend.

B Where do you practice soccer?

A In the playground. / I have a game in Komazawa Park.

Check!
□◎スラスラ言えた。□○少しつかえた。□△何回もつかえた。

5 疑問詞 where Part2

Class　　Number　　Name

Where do you buy stationery?

（あなたはどこで文房具を買いますか？）

Exercise 1 次の各文を声に出して読んでみよう。その後，その意味を日本語で書いてみよう。

① Where do you go shopping? ……………………

② Where in Yokohama do you go? ……………………

③ Where are you from? ……………………

I'm from Sydney, Australia. ……………………

Exercise 2 次の日本語表現を英語でどう言いますか。（　）内に適する語を書いてみよう。その後，会話らしく言ってみよう。

① 毎年夏に九州のどこへ訪れるのですか？　(　　) (　　) Kyushu do you (　　) every summer?

だいたいは博多へ行きます。　I usually (　　) Hakata.

② どこでコンサートをやるの？　(　　) (　　) the concert?

東京ドームだよ。　At Tokyo Dome.

③ 大阪のどこで模試を受けてるの？　(　　) (　　) Osaka do you (　　) a practice test?

塾で受けてるよ。　I (　　) it at my cram school.

④ すみません，英語ルームはどちらですか？　Excuse me, (　　) (　　) the English Room?

この建物の２階です。　It's on the second floor of this building.

Check!

□◎7-8問正解　□○4-6問正解　□△3問以下

6 疑問詞 who　Part1

Class　Number　Name

Who is your favorite singer?

（あなたの大好きな歌手は誰ですか？）

Let's play Bingo! 次の語句を声に出して言ってみよう。次に表の中に書き込んでみよう。同じ語句は２度書かないようにしよう。

soccer player / author of the book（その本の作者）/ actor（俳優）/ actress（女優）/ entertainer（芸人）/ cartoonist（漫画家）/ singer（歌手）/ musician（音楽家）/ idol（アイドル）/ him / her / them / play against（～と対戦する）

Let's Chat! 二人一組になり，下線部をかえて会話してみよう。

A Who is your favorite singer?

B Do you know Michael Jackson?　I really like him.

A Tell me something about him.

Check!

□◎スラスラ言えた。□○少しつかえた。□△何回もつかえた。

6 疑問詞 who Part2

Class Number Name

Who do you go there with?

（誰とそこへ行くのですか？）

Exercise 1 次の各文を声に出して読んでみよう。その後，その意味を日本語で書いてみよう。

① Who is your favorite soccer player?

② Who is the best soccer player?

③ Who is the author of the book?

④ Who are you a fan of?

Exercise 2 次の日本語表現を英語でどう言いますか。（ ）内に適する語を書いてみよう。その後，会話らしく言ってみよう。

① 対戦相手は誰（どこ）なの？
　西中学校が対戦相手です。

( ) are you playing against?
Nishi Junior High School are our opponents in the game.

② 誰とお正月は過ごしているのですか？
　家族と過ごしています。

( ) do you spend New Year ( )?
I spend ( ) my family.

③ 誰とそのテレビ番組を一緒に見てるの？
　兄と見ているよ。

( ) ( ) ( ) watch the TV program with?
I watch the program with my brother.

④ 誰がテニスで一番うまいの？
　錦織選手だよ。

( ) ( ) the best tennis ( )?
Nishikori is.

Check!
□◎7-8問正解 □○4-6問正解 □△3問以下

Class Number Name

When is the math test?

（数学のテストはいつですか？）

Let's play Bingo! **次の語句を声に出して言ってみよう。次に表の中に書き込んでみよう。同じ語句は２度書かないようにしよう。**

the English test / the soccer practice / the music lesson / the performance（発表会）/ the piano concert / your birthday party / hard（大変）/ exciting（わくわくする）/ troublesome（面倒くさい）/ a lot of fun（楽しい）/ on the weekend / in summer / in winter

Let's Chat! **二人一組になり，下線部をかえて会話してみよう。**

A When is the math test?

B It's on Thursday.

A Thank you.

Check!

□◎スラスラ言えた。□○少しつかえた。□△何回もつかえた。

7 疑問詞 when Part2

Class　　Number　　Name

When do you play badminton?

（バドミントンをいつしますか？）

Exercise 1 次の各文を声に出して読んでみよう。その後，その意味を日本語で書いてみよう。

① When is the science test? ……………………

② When do you practice basketball? ……………………

③ When is your birthday, Ken? ……………………

It's January the first. ……………………

Exercise 2 次の日本語表現を英語でどう言いますか。（　）内に適する語を書いてみよう。その後，会話らしく言ってみよう。

① バイオリンのレッスンはいつ？	(　　　　) is your violin lesson?
水曜と日曜だよ。	It's on Wednesday and Sunday.
② ピアノのコンサートはいつですか？	(　　　　) (　　　　) the piano concert?
夏と冬にあります。	It's in summer and winter.
③ いつ卓球をしていますか？	(　　　　) (　　　　) (　　　　) play table tennis?
毎週日曜日だよ。	(　　　　) Sundays.
④ いつサッカーの練習があるの？	(　　　　) (　　　　) you have your soccer practice?
毎日なんだ。	Every day!

Check!

□◎7-8問正解　□○4-6問正解　□△3問以下

8 三単現（主語が三人称・単数で現在のとき）の文　Part1

Class　　Number　　Name

He plays soccer very well.

（彼はサッカーがとても上手です。）

Let's play Bingo! 次の語句を声に出して言ってみよう。次に表の中に書き込んでみよう。同じ語句は２度書かないようにしよう。

lives in / sings well / plays the piano well / has long hair / has short hair / has shoulder-length hair（肩までの長さの髪）/ runs fast / practices hard for the next game / draws pictures well / speaks English well / studies hard in the science class / likes shopping

Let's Chat! 二人一組になり，下線部をかえて会話してみよう。

A Do you know my friend Jun?

B Yes, I do. He likes sports. / No, I don't. Tell me about him.

A Right. / He likes sports. He plays soccer very well.

Check!
□◎スラスラ言えた。□○少しつかえた。□△何回もつかえた。

8 三単現（主語が三人称・単数で現在のとき）の文　Part2　Class　Number　Name

Does she have long hair?

（彼女は髪が長いですか？）

Exercise 1 次の各文を声に出して読んでみよう。その後，その意味を日本語で書いてみよう。

① My friend Lisa likes shopping in Shibuya. ....

② Our teacher Ms. Brown draws pictures well. ....

③ Our new English teacher speaks Chinese very well. ....

④ Does Bob practice hard for his soccer team? ....

Exercise 2 次の日本語表現を英語でどう言いますか。（　）内に適する語を書いてみよう。その後，会話らしく言ってみよう。

① 淳について何か知っていますか？　Do you know anything about Jun?
もちろん。彼はバスケが好きでとても上手です。　Of course. He (　　　) basketball and (　　　) it very well.

② 転入生について教えて。　Tell me about your new classmate.
ショートヘアでとてもかわいいよ。　She (　　　) short hair and she's so cute.

③ 君のお父さん，英語は上手なの？　(　　　) your father (　　　) English well?
うん。とても上手だよ。　Yes. He (　　　) it very well.

④ 久美は授業中熱心に勉強しているの？　(　　　) Kumi (　　　) hard in class?
うん。彼女は理科が好きでその授業は頑張っているよ。　Yes. She likes science and studies it very hard.

Check!
□◎7-8問正解　□○4-6問正解　□△3問以下

9 疑問詞 What time does ～? Part1　　Class　　Number　　Name

What time does the TV program begin?

（何時にそのテレビ番組が始まりますか？）

Let's play Bingo! **次の語句を声に出して言ってみよう。次に表の中に書き込んでみよう。同じ語句は２度書かないようにしよう。**

favorite program（大好きな番組）/ begin（始まる）/ end（終わる）/ watch（見る）/ on TV（テレビで）/ on Saturday evening（土曜の夜に）/ what time（何時に）/ at six o'clock（６時に）/ which channel（何チャンネル）/ on channel six（６チャンネルで）/ interesting（興味深い）/ a lot of fun（すごく面白い）

Let's Chat! **二人一組になり，下線部をかえて会話してみよう。**

A My favorite TV program is *Doraemon*.　＊好きなテレビ番組にする。

B When and what time does the program begin?

A It begins at seven o'clock on Friday evening. It's a lot of fun.

Check!
□◎スラスラ言えた。□○少しつかえた。□△何回もつかえた。

Class Number Name

What time does your tennis practice finish?

（何時にテニスの練習は終わるのですか？）

Exercise 1 次の各文を声に出して読んでみよう。その後，その意味を日本語で書いてみよう。

① What day of the week is *Sazae-san* on TV? ……………

② What time does the program start? ……………

③ Is it interesting? ……………

④ What channel is it on? ……………

Exercise 2 次の日本語表現を英語でどう言いますか。（　）内に適する語を書いてみよう。その後，会話らしく言ってみよう。

① あなたは「笑点」を見ますか？	(　　　) you (　　　) *Shoten?*
いいえ。面白いですか。	No, I don't. Is it fun?
② あなたは「笑点」を誰と見ますか？	(　　　) do you (　　　) *Shoten* (　　　)?
父とです。	With my father.
③「笑点」は何時に始まりますか？	(　　　) (　　　) (　　　) *Shoten* begin?
日曜の夕方５時半からです。	It begins at five thirty on Sunday evenings.
④「笑点」は何チャンネルですか？	(　　　) (　　　) is *Shoten* (　　　)?
４チャンネルです。	It's channel four.

Check!

□◎7-8問正解　□○4-6問正解　□△3問以下

10 現在進行形　Part1

Class　　Number　　Name

I’m practicing volleyball very hard.

（私はバレーボールを一生懸命に練習しています。）

Let's play Bingo! **次の語句を声に出して言ってみよう。次に表の中に書き込んでみよう。同じ語句は２度書かないようにしよう。**

exam（試験）/ study very hard（一生懸命勉強をする）/ at the library.（図書館で）/ a chorus contest soon（すぐに合唱コンクール）/ sing / at the classroom.（教室で）/ a math class on Wednesday（水曜日に数学）/ do math homework（数学の宿題をする）/ in my room.（自分の部屋で）/ free time（自由時間）/ read my favorite book（お気に入りの本を読む）/ listen to music

Let's Chat! **二人一組になり，下線部をかえて会話してみよう。**

A I have a game soon. So I’m practicing volleyball very hard.（ヒント a concert, the horn（ホルン）, in the music room（音楽室））

B Where are you practicing?

A In the school gym.

Check!

□◎スラスラ言えた。□○少しつかえた。□△何回もつかえた。

10 現在進行形　Part2

Class　　Number　　Name

I'm reading my favorite book.

（お気に入りの本を読んでいるところです。）

Exercise 1　**次の各文を声に出して読んでみよう。その後，その意味を日本語で書いてみよう。**

① We have a game soon so we're practicing very hard. ……………………

② Who's playing with you in the game? ……………………

③ Our game is coming up soon. ……………………

④ I'm looking for my pencil case. ……………………

Exercise 2　**次の日本語表現を英語でどう言いますか。（　）内に適する語を書いてみよう。その後，会話らしく言ってみよう。**

① 調子はどうですか？	How are you (　　　　)?
普段と変わりありませんよ。	The same as usual. / Not much.
② 君の好きな映画がもうじき公開されるね。	Your favorite movie is (　　　　) soon.
本当に楽しみにしてるんだ！	I'm really (　　　　) forward to it.
③ テニスをしましょう。	Let's play tennis together.
ごめん。家に帰るところなんだ。	Sorry. I'm (　　　　) back home.
④ すぐに試験があるね。	We have an exam soon.
なので，頑張って勉強しているんだ。	Because of this, I'm (　　　　) very hard.

Check!

□◎7-8問正解　□○4-6問正解　□△3問以下

11 疑問詞 whose Part1

Class Number Name

Whose songs do you like?

（誰の歌が好きですか？）

Let's play Bingo! **次の語句を声に出して言ってみよう。次に表の中に書き込んでみよう。同じ語句は２度書かないようにしよう。**

books / comic books / novels（小説）/ movies / songs / read the book / watch the film on DVD（DVD で映画を見る）/ sing the songs at karaoke（カラオケで歌う）/ before I go to bed（寝る前に）/ in the morning / during lunch break（昼休みに）/ after school / over the weekend（週末に）

Let's Chat! **二人一組になり，下線部をかえて会話してみよう。**

A Whose songs do you like?

B I like John Lennon's songs. I always listen to his songs. How about you?

A I listen to Taylor Swift's songs.

Check!

□◎スラスラ言えた。□○少しつかえた。□△何回もつかえた。

11 疑問詞 whose　Part2

Class　　Number　　Name

Whose live concert do you go to?

（誰のライブに行きますか？）

Exercise 1　**次の各文を声に出して読んでみよう。その後，その意味を日本語で書いてみよう。**

① Whose bag is this? ……………………

② Whose cup is that ? ……………………

③ Whose novels do you like? ……………………

④ Whose concert do you like? ……………………

Exercise 2　**次の日本語表現を英語でどう言いますか。（　）内に適する語を書いてみよう。その後，会話らしく言ってみよう。**

① 誰のマンガが好きなの？　(　　　)(　　　)(　　　) do you like?
手塚治虫が好きだよ。　I like Tezuka Osamu's.

② 誰の映画が好きなの？　(　　　)(　　　) do you like?
宮崎駿が好きだよ。DVD で宮崎駿の映画をよく見てるよ。　I like Miyazaki Hayao's. I often (　　　) his films on DVD.

③ カラオケで誰の歌を歌うの？　(　　　)(　　　) do you sing at karaoke.
いつもマイケルの歌を歌うよ。　I always sing Michael's songs at karaoke.

④ 欠席者いる？　ここ誰の席？　Is anyone absent? (　　　) seat is this?
すみれの席です。　That's Sumire's seat.

Check!
□◎7-8問正解　□○4-6問正解　□△3問以下

Class　　Number　　Name

I can relax and watch TV after studying.

（勉強の後はリラックスしてテレビが見れます。）

Let's play Bingo! **次の語句を声に出して言ってみよう。次に表の中に書き込んでみよう。同じ語句は２度書かないようにしよう。**

see a movie / play with my friends（友達と遊ぶ）/ eat snacks（おやつを食べる）/ go to an amusement park（遊園地へ行く）/ make a cake / enjoy / use my cell phone（携帯電話を使う）/ before / after / an exam（試験）/ soccer practice（サッカーの練習）/ at any time（いつでも）

Let's Chat! **二人一組になり，下線部をかえて会話してみよう。**

A I can <u>relax and watch TV</u> <u>after studying.</u>（ヒント after soccer practice ）

B Me, too!　I'm happy at that time. / Really?　I can do that at any time.

Check!

□◎スラスラ言えた。□○少しつかえた。□△何回もつかえた。

12 助動詞 can　Part2

Class　　Number　　Name

We can stand and read the books in that second-hand bookshop.

（その古本屋では立ち読みができるんだ。）

Exercise 1　次の各文を声に出して読んでみよう。その後，その意味を日本語で書いてみよう。

① I can eat snacks after dinner. ……………………………

② I can have fun with my friends after the exam. ……………………………

③ We can go to an amusement park after the basketball game. ……………………………

④ I can't relax on Thursdays. ……………………………

Exercise 2　次の日本語表現を英語でどう言いますか。（　）内に適する語を書いてみよう。その後，会話らしく言ってみよう。

① 元旦にボーリングを楽しめるよ。　We (　　　) (　　　) bowling on New Year's Day.

いいね！　That's great!

② ピアノを上手に弾けるの？　(　　　) you (　　　) the piano well?

ううん。上手に弾けないんだ。初心者だから。　No, I can't. I can't (　　　) it well. I am a beginner.

③ 数学のテストが終わったら映画を見れるの？　(　　　) you (　　　) a movie after the math test?

うん。アクション映画でも一緒に見に行こうよ。　Yes, I can. Let's (　　　) an action movie together!

④ 背泳ぎで50m 泳げますか？　(　　　) you (　　　) backstroke for 50 meters?

はい，泳げます。水泳は大好きなんです。　Yes, I can. I love swimming.

Check!

□◎7-8問正解　□○4-6問正解　□△3問以下

13 助動詞 Can I ～?（許可） Part1

Class　　Number　　Name

Can I use your computer?

（あなたのコンピュータを使ってもいいですか？）

Let's play Bingo! **次の語句を声に出して言ってみよう。次に表の中に書き込んでみよう。同じ語句は２度書かないようにしよう。**

mobile phone / pen / towel（タオル）/ camera / bike / alarm clock（目覚まし時計）/ the bathroom / dictionary / plastic bags（ビニール袋）/ this chair / try ～ on（～を試着する）

Let's Chat! **二人一組になり，下線部をかえて会話してみよう。**

A Can I use your computer?（ヒント mobile phone, bike）

B Sure. You can use it. / I'm sorry. I'm using it now.

A Thank you. I usually use it for my homework.
/ That's all right.

Check!

□◎スラスラ言えた。□○少しつかえた。□△何回もつかえた。

13 助動詞 Can I ～?（許可） Part2

Class　　Number　　Name

Can I come with you?

（あなたと一緒に行ってもいいですか？）

Exercise 1 次の各文を声に出して読んでみよう。その後，その意味を日本語で書いてみよう。

① I like this skirt. Can I try it on? ……………………

② Can I use your bike? ……………………

③ Can I ask you a question? ……………………

④ Can I have your name, please? ……………………

Exercise 2 次の日本語表現を英語でどう言いますか。（　）内に適する語を書いてみよう。その後，会話らしく言ってみよう。

① このイス使ってもいいかい？	(　　　) (　　　) (　　　) this chair?
もちろん，いいよ。	Sure.
②（電話で）ジョンと話せますか？	(　　　) I (　　　) to John, please?
ジョンだよ。どうしたの。	Speaking. What's up?
③ ベンの家にはどうやって行くの？	(　　　) (　　　) (　　　) get to Ben's house?
バスで行けるよ。	You can take a bus.
④ こんにちは。いらっしゃいませ。	Hello! (　　　) I (　　　) you, sir?
はい，青いＴシャツを探しています。	Yes, please. I'm looking for a blue T-shirt.

Check!

□◎7-8問正解　□○4-6問正解　□△3問以下

1年 BINGO

14 助動詞 Can you ～?（依頼） Part1

Class　　Number　　Name

Can you come to my house at five tomorrow?

（明日５時に私の家に来てくれませんか？）

Let's play Bingo! **次の語句を声に出して言ってみよう。次に表の中に書き込んでみよう。同じ語句は２度書かないようにしよう。**

a barbecue party / a birthday party / a farewell party（送別会）/ math homework / help me / carry this box upstairs for me（上の階にこの箱を運ぶ）/ go to the convenience store for me（コンビニへ行く）/ want / come round to my house（家に来る）/ can play a video game / bring some drinks

Let's Chat! **二人一組になり，下線部をかえて会話してみよう。**

A I have a *takoyaki* party. Can you come to my house at five tomorrow?

B Sure. No problem. / I'm sorry. I can't. I have an appointment.

Check!

□◎スラスラ言えた。□○少しつかえた。□△何回もつかえた。

14 助動詞 Can you ～?（依頼） Part2

Class　　Number　　Name

Can you play a video game with me?

（僕と一緒にゲームをしませんか？）

Exercise 1 **次の各文を声に出して読んでみよう。その後，その意味を日本語で書いてみよう。**

① Can you bring me some drinks? ……………………

② Can you go to the convenience store for me? ……………………

③ Can you help me with my report? ……………………

④ Can you give me a hand? ……………………

Exercise 2 **次の日本語表現を英語でどう言いますか。（　）内に適する語を書いてみよう。その後，会話らしく言ってみよう。**

① 学校で待ち合わせをしませんか？　(　　　) (　　　) meet me at the school?

ごめんなさい。できないんだ。ピアノのレッスンがあるから。　I'm sorry. I can't. I have a piano lesson.

② もっと教えて。　(　　　) (　　　) (　　　) me more?

もちろん。　Of course.

③ この箱を上の階に運んでくれませんか？　(　　　) (　　　) (　　　) this box upstairs for me?

いいですよ。　Sure.

④ 私の家に来ませんか？　(　　　) (　　　) (　　　) round to my house?

いいですよ。　OK.

Check!

□◎7-8問正解　□○4-6問正解　□△3問以下

1年BINGO

15 過去形（規則動詞） Part1

Class　　Number　　Name

I watched a baseball game between the Giants and the Swallows.

（私はジャイアンツとスワローズの野球の試合を見ました。）

Let's play Bingo! 次の語句を声に出して言ってみよう。次に表の中に書き込んでみよう。同じ語句は２度書かないようにしよう。

sports news / dramas / an anime / a baseball game / a movie / variety programs / cooked / practiced soccer / helped my mother / talked about my favorite anime / studied at the cram school（塾で勉強をした）/ used a computer / visited my grandparents' house

Let's Chat! 二人一組になり，下線部をかえて会話してみよう。

A What TV programs did you watch on the weekend?

B I watched a baseball game between the Giants and the Swallows.

A Did you enjoy it?

B Yes, very much. / Not so much. What else did you do?

Check!

□◎スラスラ言えた。□○少しつかえた。□△何回もつかえた。

15 過去形（規則動詞） Part2

Class　　Number　　Name

I played with my little brothers.

（弟たちと遊びました。）

Exercise 1 次の各文を声に出して読んでみよう。その後，その意味を日本語で書いてみよう。

① I used my computer last night. ……………………

② We watched a basketball game in the city gym. ……………………

③ I looked at a book in the library last week. ……………………

④ I talked with my friends about my favorite anime at school yesterday. ……………………

Exercise 2 次の日本語表現を英語でどう言いますか。（　）内に適する語を書いてみよう。その後，会話らしく言ってみよう。

① 先月，祖母が訪ねてきたんだ。	My grandmother (　　　　) us last month.
本当に？	Really?
② 翌週の試合のために一生懸命練習をしたんだ。	I (　　　　) very hard for the game next week.
すごいね！　頑張って。	Great! You can do it.
③ 先週の土曜日に何をしたの？	What did you do last Saturday?
数学を勉強したよ。	I (　　　　) math.
④ 期末テストの勉強をしましたか？	(　　　) you (　　　) for the final test?
もちろん，しましたよ。	Of course, I (　　　).

Check!
□◎7-8問正解　□○4-6問正解　□△3問以下

1年BINGO

16 過去形（不規則動詞） Part1

Class　Number　Name

What did you do last Sunday?

（先週の日曜日は何をしましたか？）

Let's play Bingo! **次の語句を声に出して言ってみよう。次に表の中に書き込んでみよう。同じ語句は２度書かないようにしよう。**

had a test / had a good time（楽しんだ）/ got a new game（新しいゲームを買った）/ ate Chinese food for lunch（昼食で中華料理を食べた）/ made curry and rice / took care of ～（～の面倒を見る）/ took it easy at home（家でゴロゴロしていた）/ bought / saw a movie / read / ran / met

Let's Chat! **二人一組になり，下線部をかえて会話してみよう。**

A What did you do last Sunday?

B I went to Yokohama and saw a movie. I had a good time. How about you?

＊感想など付け足しの一文を言う。

Check!

□◎スラスラ言えた。□○少しつかえた。□△何回もつかえた。

Class　　Number　　Name

I went shopping for clothes in Harajuku.

（原宿に服を買いに行きました。）

Exercise 1 **次の各文を声に出して読んでみよう。その後，その意味を日本語で書いてみよう。**

① I said good-bye to my cousin and his family.

② My brother got a new game last month.

③ We met at Jiyugaoka and took a train to Yokohama.

④ My family ate Italian food for dinner last night.

Exercise 2 **次の日本語表現を英語でどう言いますか。（　）内に適する語を書いてみよう。その後，会話らしく言ってみよう。**

① 先週の日曜日は何をしていたの？	What did you do last Sunday?
塾でテストだったんだ。	I (　　　　) a test at the cram school.
② 先週末は何をしていたの？	How did you spend your last weekend?
妹たちの面倒を見ていたんだ。	I (　　　　) (　　　　) of my sisters.
③ 昨日，渋谷に行って映画を見たんだ。	I (　　　　) to Shibuya and (　　　　) a movie yesterday.
本当に？　僕もだよ。楽しかったなあ。	Really?　Me, too. I (　　　　) a good time there.
④ 先週末，何をしていたの？	What did you do last weekend?
家でゴロゴロしてたよ。	I (　　　　) it easy at home.

Check!

□◎7-8問正解　□○4-6問正解　□△3問以下

17 日本文化について発信する言い方　Part1　　Class　　Number　　Name

We usually visit the shrine on New Year's Day.

（私たちはたいてい元旦に初詣に行きます。）

Let's play Bingo! **次の語句を声に出して言ってみよう。次に表の中に書き込んでみよう。同じ語句は２度書かないようにしよう。**

New Year's money gift（お年玉）/ New Year's card（年賀状）/ traditional Japanese New Year's dishes（おせち料理）/ a fortune slip（おみくじ）/ pray for a wish（願い事をする）/ New Year's Eve（大晦日）/ New Year's *soba* noodle（年越しそば）/ New Year's temple bell（除夜の鐘）/ the fireworks display（花火大会）/ impressive（感動的な）/ a summer festival / carry a portable shrine（みこしをかつぐ）

Let's Chat! **二人一組になり，下線部をかえて会話してみよう。**

A Do you know anything about Japanese New Year? We usually visit the shrine on New Year's Day.

B What do you do there?

A We often draw fortune slips.

Check!

□◎スラスラ言えた。□○少しつかえた。□△何回もつかえた。

17 日本文化について発信する言い方　Part2

Class　　Number　　Name

We eat traditional Japanese New Year's dishes.

(私たちはおせち料理を食べます。)

Exercise 1　**次の各文を声に出して読んでみよう。その後，その意味を日本語で書いてみよう。**

① We eat New Year's *soba* noodles on December 31. ……………………

② I can hear New Year's temple bell from home. ……………………

③ The fireworks display of my town is impressive. ……………………

④ Many children in my town carry a portable shrine. ……………………

Exercise 2　**次の日本語表現を英語でどう言いますか。(　) 内に適する語を書いてみよう。その後，会話らしく言ってみよう。**

① 日本のお正月について教えて。
Can you tell me about Japanese New Year?

多くの日本人は元旦に初詣に行くよ。
Many Japanese people (　　　) the (　　　) on New Year's Day.

② 日本の子供はお正月に何かプレゼントをもらうの？
Do Japanese children get any gifts at New Year's?

うん。お年玉をもらうよ。
You're right! They get (　　)(　　)(　　)(　　).

③ 元旦に神社で何をするの？
What do you do at the shrine on New Year's Day?

神社では願い事をするんだよ。
I (　　　)(　　　) a wish at the shrine.

④ それは何だい？
What's this?

おみくじだよ。神社でよく引くんだ。
It's a (　　　)(　　　). We often draw it there.

Check!
□◎7-8問正解　□○4-6問正解　□△3問以下

1年BINGO

1年 ▶▶▶ 解答編

1 疑問詞 what
▶▶▶ p.15

Exercise 1 ① 今日は何曜日ですか。 ② 今日は何月何日ですか。 ③ あなたの大好きなサッカーチームはどこですか。 ④ あなたの大好物は何ですか。

Exercise 2 ① What ② day ③ What (who), favorite ④ What, is, your

2 Do で始まる疑問文
▶▶▶ p.17

Exercise 1 ① 私は毎朝サッカーの練習（毎朝サッカーの朝練）があるので，早く起きます。
② 音楽は好きですか。ええ，ビートルズのファンです。 ③ 今週の日曜日の午後は何か予定していますか？

Exercise 2 ① play catch ② have, any ③ practice, do ④ Are, am, have

3 疑問詞 What ~ do you like?
▶▶▶ p.19

Exercise 1 ① あなたはどの野球チームが好きですか。 ② 朝食はふつう何を食べていますか。 ③ どんな種類の DVD を見ますか。 ④ あなたはふつうどんな（種類の）料理を作りますか。

Exercise 2 ① What, kind, movies ② What, kind (sort), of, books ③ What, kind (sort), of
④ What, songs

4 疑問詞 How many ~ ? / How ~ ?
▶▶▶ p.21

Exercise 1 ① あなたは何冊マンガを持っていますか。 ② あなたは一か月に何枚ＣＤを買いますか。 ③ カラオケにはたいてい何時間いますか。 ④ テストを英語でどう綴りますか。

Exercise 2 ① How, many, birds ② How, many, people, people ③ How, do, you ④ How, do, you

5 疑問詞 where

▶▶▶ p.23

Exercise 1 ① あなたはどこへ買い物に行きますか。 ② あなたは横浜のどこへ行きますか。 ③ あなたの出身はどちらですか。私はオーストラリアのシドニーの出身です。

Exercise 2 ① Where, in, visit, visit　② Where, is　③ Where, in, take, take　④ where, is

6 疑問詞 who

▶▶▶ p.25

Exercise 1 ① あなたが大好きなサッカー選手は誰ですか。 ② 一番うまいサッカー選手は誰ですか。 ③ その本の作者は誰ですか。 ④ あなたは誰のファンですか。

Exercise 2 ① Who　② Who, with, with　③ Who, do, you　④ Who, is, player

7 疑問詞 when

▶▶▶ p.27

Exercise 1 ① 理科のテストはいつですか。 ② いつバスケの練習をしますか。 ③ 憲，誕生日はいつですか。 1月1日です。

Exercise 2 ① When　② When, is　③ When, do, you, On　④ When, do

8 三単現（主語が三人称・単数で現在のとき）の文

▶▶▶ p.29

Exercise 1 ① 私の友達のリサは渋谷で買い物をするのが好きです。 ②（僕らの先生）ブラウン先生は絵を描くのが上手です。 ③ 新しい英語の先生は中国語をとても上手に話します。 ④ ボブはサッカー部のために一生懸命練習していますか。

Exercise 2 ① likes, plays　② has　③ Does, speak, speaks　④ Does, study

9 疑問詞 What time does ～？

▶▶▶ p.31

Exercise 1 ① サザエさんは何曜日に放送されていますか。 ② その番組は何時に始まりますか。 ③（それは）面白いですか。 ④（それは）何チャンネルですか。

Exercise 2 ① Do, watch　② Who, watch, with　③ What, time, does　④ What, channel, on

10 現在進行形

▶▶▶ p.33

Exercise 1 ① 私たちはもうすぐ試合があるので，頑張って練習しています。 ② 対戦相手は誰なの。 ③ 私たちはもうすぐ試合があります。 ④ 私は，自分の筆箱を探しているところです。

Exercise 2 ① doing ② coming, looking ③ going ④ studying

11 疑問詞 whose

▶▶▶ p.35

Exercise 1 ① これは誰の鞄ですか。 ② あれは誰のカップですか。 ③ 誰の小説が気に入っていますか。 ④ 誰のコンサートが好きですか。

Exercise 2 ① Whose, comic, books ② Whose movies (films), watch ③ Whose, songs ④ Whose

12 助動詞 can

▶▶▶ p.37

Exercise 1 ① 夕食の後，お菓子を食べられます。 ② 試験の後，友達と遊べます。 ③ バスケットボールの試合の後は遊園地へ行けます。 ④ 木曜日はのんびりできないんだ。

Exercise 2 ① can, enjoy ② Can, play, play ③ Can, see, see ④ Can, swim

13 助動詞 Can I ～？（許可）

▶▶▶ p.39

Exercise 1 ① 私このスカートが気に入ったわ。試着してもいいかしら。 ② 君の自転車を使ってもいいですか。(君の自転車貸してくれる。) ③ 質問してもいいですか（いいかな)。 ④ お名前をうかがってもいいですか。

Exercise 2 ① Can, I, use ② Can, speak ③ How, can, I ④ Can (May), help

14 助動詞 Can you ～？（依頼）

▶▶▶ p.41

Exercise 1 ① 飲み物を持ってきてくれませんか。 ② コンビニへ行ってきてくれませんか。 ③ 僕のレポートを手伝ってくれませんか。 ④ 手伝ってくれませんか。

Exercise 2 ① Can, you ② Can, you, tell (teach) ③ Can, you, carry ④ Can, you, come

15 過去形（規則動詞）

▶▶▶ p.43

Exercise 1 ① 私は昨夜コンピュータを使いました。 ② 私たちは市立体育館でバスケットボールの試合を見ました。 ③ 私は先週，図書館で本を調べました。 ④ 私は昨日，学校で，大好きなアニメについて友達と話をしました。

Exercise 2 ① visited ② practiced ③ studied ④ Did, study, did

16 過去形（不規則動詞）

▶▶▶ p.45

Exercise 1 ① 私は従兄弟とその家族にさよならを言いました。 ② 私の兄（弟）は先月，新しいゲームを買いました。 ③ 私たちは自由が丘で待ち合わせて，横浜行きの電車に乗りました。 ④ 昨夜，家族で晩ごはんにイタリア料理を食べました。

Exercise 2 ① had (took) ② took, care ③ went, saw, had ④ took

17 日本文化について発信する言い方

▶▶▶ p.47

Exercise 1 ① 私たちは12月31日に年越しそばを食べます。 ② 家から除夜の鐘の音を聞けるよ。 ③ 私の町の花火大会はすごいよ。 ④ 私の町の多くの子供たちはおみこしをかつぎます。

Exercise 2 ① visit, shrine ② New, Year's, money, gift ③ pray, for ④ fortune, slip

1 be 動詞の過去形（was, were） Part1

Class　Number　Name

How was your game last Saturday?

（先週の土曜日の試合はどうでしたか？）

Let's play Bingo! **次の語句を声に出して言ってみよう。次に表の中に書き込んでみよう。同じ語句は２度書かないようにしよう。**

soccer game / tennis match / play a game with（～と試合をする）/ win（勝つ）/ win a game（試合に勝つ）/ won / lose（負ける）/ lose a game（試合に負ける）/ lost / two to one（２対１）/ sweet（甘い）/ so-so（まあまあ）/ impressive（感動的な）

Let's Chat! **二人一組になり，役割を決めて会話してみよう。Ken とクラスメートの先週の土曜日の部活動の試合結果は以下の通りです。**

（Ken：サッカー部員，２対１で勝つ。Taku：野球部員，３対４で負け。Yuko：バスケ部員，勝つ。Yuri：バレー部員，負け。）

Yuri: How was your game last Saturday?

Ken: It was great. We won (two to one).

＊ Taku の場合　It was not so good. We lost (three to four).

Check!

□◎スラスラ言えた。□○少しつかえた。□△何回もつかえた。

1 be 動詞の過去形（was, were） Part2

Class　　Number　　Name

How was the weather last Saturday?

（先週の土曜日の天気はどうでしたか？）

Exercise 1 **次の各文を声に出して読んでみよう。その後，その意味を日本語で書いてみよう。**

① How was the test? ....

It was a little difficult. ....

② How was the movie? ....

It was impressive. ....

Exercise 2 **次の日本語表現を英語でどう言いますか。（　）内に適する語を書いてみよう。その後，会話らしく言ってみよう。**

① どっちが何対何で勝ちましたか？　Who (　　　) and by how much?

私たちが５対２で勝ちました。　We won five to two.

② どことどこのチームがサッカーの試合で対戦したのですか？　Who (　　　) against who in the soccer game?

私たちと北中学校とでした。　We played against the Kita J.H.S. team.

③ その味はどうだった？　(　　　) (　　　) the taste?

甘かった。　It was sweet.

④ 昨日のサッカーの練習はどうだった？　(　　　) (　　　) the soccer practice yestenday?

まあまあでしたけど。　It was so-so.

Check!

□◎7-8問正解　□○4-6問正解　□△3問以下

2 過去進行形　part1

Class　Number　Name

I was eating *soba* noodles.

（私はおそばを食べていました。）

Let's play Bingo! **次の語句を声に出して言ってみよう。次に表の中に書き込んでみよう。同じ語句は２度書かないようにしよう。**

then（その時）/ at that time（その時）/ on New Year's Eve（大晦日に）/ eat *soba* noodles（そばを食べる）/ lie around at home（家でゴロゴロする）/ enjoy the festival（祭りを楽しむ）/ chat（おしゃべりをする）/ over（～以上，～より多い）/ half an hour（30分）/ look for（～を探す）/ glasses（眼鏡）/ stay at（～にいる，滞在する）/ wait for（～を待つ）

Let's Chat! **二人一組になり，下線部をかえて会話してみよう。**

A What were you doing on New Year's Eve?

B I was at home with my family. I was eating *soba* noodles.

Check!

□◎スラスラ言えた。□○少しつかえた。□△何回もつかえた。

2 過去進行形 part2

Class　　Number　　Name

I was just relaxing at home on Saturday.

(私は土曜日家でくつろいでいました。)

Exercise 1 **次の各文を声に出して読んでみよう。その後，その意味を日本語で書いてみよう。**

① What were you doing at nine yesterday?　……………………

I was waiting for your call.　……………………

② Were you studying then?　……………………

No, I wasn't. I was lying around at home.　……………………

Exercise 2 **次の日本語表現を英語でどう言いますか。(　) 内に適する語を書いてみよう。その後，会話らしく言ってみよう。**

① 彼はその時何をしていたの？	What (　　　) he doing then?
お祭りを楽しんでいたよ。	He was (　　　) the (　　　).
② 彼女たちはその時何をしていたの？	What (　　　) they doing then?
30分以上おしゃべりしていたよ。	They were (　　　) for over (　　　) an hour.
③ 何を探していたんですか？	What were you (　　　) (　　　)?
眼鏡です。	I was (　　　) (　　　) my (　　　).
④ あなたはその時どこにいたの？	(　　　) were you at that time?
私は家でゴロゴロしていました。	I was (　　　) around at home.

Check!

□◎7-8問正解　□○4-6問正解　□△3問以下

2年 BINGO

Class Number Name

3 助動詞 will part1

What will you do during the summer vacation?

（夏休みは何をするの？）

Let's play Bingo! **次の語句を声に出して言ってみよう。次に表の中に書き込んでみよう。同じ語句は２度書かないようにしよう。**

How long ～？（どれくらいの期間）/ for one week（１週間）/ win the World Cup（ワールドカップで優勝する）/ take（～を受ける）/ the EIKEN Grade 3 test（英検３級の試験）/ go swimming（泳ぎに行く）/ go fishing（釣りに行く）/ in one hour（１時間後に）/ in one week（１週間後に）/ have the final tests（期末試験がある）/ troublesome（面倒くさい）

Let's Chat! **二人一組になり，下線部をかえて会話してみよう。**

A What will you do during the summer vacation?

B I will go to my aunt's house. I will watch the fireworks.

Check!

□◎スラスラ言えた。□○少しつかえた。□△何回もつかえた。

3 助動詞 will　Part2　　Class　Number　Name

What will you do after school?

（放課後何をするの？）

Exercise 1　次の各文を声に出して読んでみよう。その後，その意味を日本語で書いてみよう。

① Which team will win the World Cup?　……………………

I think Brazil will.　……………………

② What will you do next Sunday?　……………………

I will take the EIKEN Grade 4 test.　……………………

Exercise 2　次の日本語表現を英語でどう言いますか。（　）内に適する語を書いてみよう。その後，会話らしく言ってみよう。

① あなたはどのくらい長くおじいちゃんの家にいるの？	How long will you stay at your grandfather's house?
1週間いるつもりよ。	I (　　　) (　　　) there for one week.
② いつあなたは出発するの？	(　　　) (　　　) you leave?
1時間後に。	I will leave (　　　) one hour.
③ 放課後補習に行くよ。	We'll stay for extra study after school.
面倒くさいなぁ。	It (　　　) be troublesome.
④ あと1週間で期末試験だ。	We (　　　) (　　　) the final tests in one week.
できるだけのことはやるよ。	I'll do my best.

Check!

□◎7-8問正解　□○4-6問正解　□△3問以下

4 be going to + 動詞の原形 part1　　Class　　Number　　Name

What are you going to do this weekend, Jiro?

（次郎，週末は何をするつもりですか？）

Let's play Bingo! **次の語句を声に出して言ってみよう。次に表の中に書き込んでみよう。同じ語句は２度書かないようにしよう。**

this evening（今夜）/ at about ～（だいたい～時に）/ this weekend（今週末）/ film（映画）/ stay in（滞在する）/ see ～ live（～のライブを見る）/ take a test（テストを受ける）/ the EIKEN Grade Pre-2 test（英検準２級の試験）/ a friend of mine（私の友達の１人）/ some friends of mine（数人の私の友達）/ play against（～と対戦する，勝負する）

Let's Chat! **二人一組になり，下線部をかえて会話してみよう。**

A What are you going to do this weekend, Jiro?

B I'm going to see Mr. Children live.

A Sounds exciting!

Check!
□◎スラスラ言えた。□○少しつかえた。□△何回もつかえた。

4 be going to + 動詞の原形 Part2

Class　　Number　　Name

I'm going to buy a pair of shoes at the department store.

（私はデパートで靴を買うつもりです。）

Exercise 1 次の各文を声に出して読んでみよう。その後，その意味を日本語で書いてみよう。

① Where are you going to stay?　……………………

I'm going to stay at my uncle's house in Hawaii.　……………………

② What is your family going to do this evening?　……………………

We are going to see the film *Star Wars 7*.　……………………

Exercise 2 次の日本語表現を英語でどう言いますか。（　）内に適する語を書いてみよう。その後，会話らしく言ってみよう。

① 何時にここを出発する予定ですか？	What time are you (　　　) (　　　) leave here?
だいたい７時です。	(　　　) (　　　) seven o'clock.
② 彼は週末何をする予定ですか？	What (　　　) he (　　　) to do this weekend?
英検準２級を受ける予定です。	He is going to (　　　) the EIKEN Grade Pre-2 test.
③ 誰があなたをそこで待っている予定なの？	(　　　) (　　　) going to wait for you there?
数人の私の友達です。	Some friends of mine are.
④ 僕たちは次に関東中学と勝負する。	We (　　　) going to play (　　　) Kanto Junior High School.
ベストを尽くそう！	Let's do our best!

Check!
□◎7-8問正解　□○4-6問正解　□△3問以下

5 接続詞 if, while　Part1

Class　　Number　　Name

What will you do if it is fine tomorrow?

（もし明日晴れていれば，あなたは何をしますか？）

Let's play Bingo! **次の語句を声に出して言ってみよう。次に表の中に書き込んでみよう。同じ語句は２度書かないようにしよう。**

go out（外出する）/ go for a walk（散歩する）/ go to the beach（海に行く）/ grade（成績）/ buy me ～（私に～を買ってくれる）/ pass the test（試験に合格する）/ come and see（～を見に来る）/ fall asleep（眠りに落ちる）/ take a bath（風呂に入る）/ enough time（十分な時間）/ until late（遅くまで）/ take a rest（休む）/ have a good sleep（よく眠る）

Let's Chat! **二人一組になり，下線部をかえて会話してみよう。**

A What will you do if it is fine tomorrow?

B I will <u>play soccer with my friends</u>. How about you?

Check!

□◎スラスラ言えた。□〇少しつかえた。□△何回もつかえた。

Class　　Number　　Name

5 接続詞 if, while part2

I ate breakfast while I was watching TV.

(テレビを見ながら朝食を食べた。)

Exercise 1 次の各文を声に出して読んでみよう。その後，その意味を日本語で書いてみよう。

① If my grades are good, my parents will buy me a computer. ……………

② If there is enough time, I will practice until late. ……………

③ I studied English while I was watching TV. ……………

④ I watched the news program while I was eating spaghetti. ……………

Exercise 2 次の日本語表現を英語でどう言いますか。(　) 内に適する語を書いてみよう。その後，会話らしく言ってみよう。

① もし試験に合格したら，ボールを買ってもらえるんだ。　(　　) I pass the test, I (　　) get some balls.
それはいいね。　That would be (　　).

② よかったら，私の舞台を見に来てください。　(　　) you (　　), come and see my show.
もちろん行くよ。　Of course I (　　).

③ ラジオを聞きながら何をするの？　What do you do (　　) you are (　　) to the radio?
勉強するんだよ。　I (　　).

④ 疲れてお風呂の中で寝てしまった。　I (　　) asleep (　　) I was taking a bath.
ゆっくり休んで，よく寝てくださいね。　Take a rest and have a good sleep.

Check!
□◎7-8問正解　□○4-6問正解　□△3問以下

6 There is (are) ～. とその疑問文 Part1

Class　　Number　　Name

How many boys are there in your class?

（あなたのクラスには何人男の子がいますか？）

Let's play Bingo! **次の語句を声に出して言ってみよう。次に表の中に書き込んでみよう。同じ語句は２度書かないようにしよう。**

How many（いくつの，何人の～？）/ a sale（セール）/ crowded（混んでいる）/ distraction（妨げるもの）/ the brass band club（吹奏楽部）/ a line of people（行列）/ That's too bad（残念だね）/ stop doing（～するのをやめる）/ reason（理由）/ nothing in particular（特に何もない）/ vacant seat（空席）

Let's Chat! **二人一組になり，下線部をかえて会話してみよう。**

A How many boys (girls) are there in your class?

B There are twenty. How many members are there on the soccer team?　（ヒント in the brass band club）

A Just fourteen. They are all good players.

Check!
□◎スラスラ言えた。□○少しつかえた。□△何回もつかえた。

6 There is (are) ～. とその疑問文　Part2

Class　　Number　　Name

There was heavy wind and rain last night.

(昨晩はすごく雨風が強かった。)

Exercise 1 **次の各文を声に出して読んでみよう。その後，その意味を日本語で書いてみよう。**

① How was your shopping day?

There was a sale, so it was crowded.

② There was nothing in particular.

③ Were there many vacant seats on the plane?

Exercise 2 **次の日本語表現を英語でどう言いますか。(　) 内に適する語を書いてみよう。その後，会話らしく言ってみよう。**

① 吹奏楽部には何人のメンバーがいますか？	How many people (　　) (　　) in the brass band club?
100人です。	(　　) (　　) one hundred.
② プリクラに行列ができていた。	(　　) (　　) a line of people waiting for the print club.
残念だったね。	That's (　　) (　　).
③ 何で勉強をやめたの？	(　　) did you stop studying?
理由はないよ。	(　　) (　　) no reason.
④ 昨日宿題は終わったの？	Did you finish your homework yesterday?
いいえ。私の部屋には誘惑がたくさんあってさ。	No. (　　) (　　) many distractions in my room.

Check!

□◎7-8問正解　□○4-6問正解　□△3問以下

2年 BINGO

7 I'm sure (that) ~. / I hope (that) ~.などの言い方 Part1

Class　　Number　　Name

I hope my dream will come true.

(夢が実現するといいのですが。)

Let's play Bingo! **次の語句を声に出して言ってみよう。次に表の中に書き込んでみよう。同じ語句は２度書かないようにしよう。**

win on field day（運動会で優勝する）/ happen（起こる）/ all right（問題ない）/ pass the EIKEN Grade 3 test（英検３級に合格する）/ have a sequel（続編がある）/ better than（～より良い）/ do club activities（部活動をする）/ come true（〈夢などが〉実現する）/ last year（昨年）/ this year（今年）/ next year（来年）

Let's Chat! **二人一組になり，下線部をかえて会話してみよう。**

A What do you hope this year?

B I hope we will win the first place in the tournament.（ヒント I hope my dream will come true.）

A I hope so too!

Check!

□◎スラスラ言えた。□○少しつかえた。□△何回もつかえた。

7 I'm sure (that) ~. / I hope (that) ~.などの言い方 Part2

Class　　Number　　Name

I hope you have a nice vacation.

(よい休日になるといいですね。)

Exercise 1 次の各文を声に出して読んでみよう。その後，その意味を日本語で書いてみよう。

① What will happen to the problem? ……………………

I'm sure it'll be all right. ……………………

② What do you wish for next year? ……………………

I hope I can pass the EIKEN Grade 3 test. ……………………

Exercise 2 次の日本語表現を英語でどう言いますか。(　) 内に適する語を書いてみよう。その後，会話らしく言ってみよう。

① パーティはどうなるかな？	How will the party (　　　)?
絶対楽しいと思うよ。	I'm (　　　) it will be (　　　).
② 君は僕のコンサートに来てくれるの？	Will you (　　　) (　　　) my concert?
絶対行くよ。	I'm (　　　) I (　　　).
③ その映画はどうだったの？	(　　　) was the movie?
すごくよかった。僕はこの映画は続きがあってほしい。	Great. I (　　　) this movie has a (　　　).
④ 君の夢がかなうと信じている。	I believe your dream (　　　) (　　　) (　　　).
僕もそう思うよ。	I think so too.

Check!

□◎7-8問正解　□○4-6問正解　□△3問以下

8 買い物での表現　Part1

Class　　Number　　Name

Shopping - How much are they?

（買い物―おいくらですか？）

Let's play Bingo! **次の語句を声に出して言ってみよう。次に表の中に書き込んでみよう。同じ語句は２度書かないようにしよう。**

cosmetics（化粧品）/ stationary（文房具）/ cost（お金がかかる）/ in total（全部で）/ else（他のもの）/ already（すでに）/ sale（バーゲンセール）/ book coupon（図書券）/ New Year's Day（正月）/ first shopping day of the year（初売り）/ drop by（～に寄る）/ expensive（値段が高い）/ cheap（値段が安い）

Let's Chat! **二人一組になり，下線部をかえて会話してみよう。**

A I want cosmetics and two Beatles CDs.
How much are they?

B In total, they are four thousand yen.
（Ｂさんは，お店の人になったつもりで答えてみよう。）

Check!

□◎スラスラ言えた。□○少しつかえた。□△何回もつかえた。

8 買い物での表現　Part2

Class　　Number　　Name

Shopping - The camera was too expensive.

（買い物―そのカメラは高すぎました。）

Exercise 1 次の各文を声に出して読んでみよう。その後，その意味を日本語で書いてみよう。

① How much did they cost? ……………………

They cost 6,000 yen in total. ……………………

② What else did you buy? ……………………

Nothing. I already spent a lot of money. ……………………

Exercise 2 次の日本語表現を英語でどう言いますか。（　）内に適する語を書いてみよう。その後，会話らしく言ってみよう。

① 私は昨日バーゲンセールに行った。	I went to the (　　　) yesterday.
楽しかったでしょうね。	I think you had (　　　).
② いくら使ったの？	How (　　　) money did you spend?
図書券で買っちゃった。	I just used a (　　　) (　　　).
③ 正月は何をしたの？	What did you do on (　　　) (　　　) Day?
初売りに行ったよ。	I went out on the (　　　) (　　　) day of the year.
④ 帰りは新宿に寄って買い物をした。	On my way home I (　　　) (　　　) Shinjuku and enjoyed shopping.
それは楽しそうだね。	Sounds exciting.

Check!
□◎7-8問正解　□○4-6問正解　□△3問以下

2年 BINGO

9 不定詞（名詞的用法） Part1

Class　　Number　　Name

I want to play the drums like you!

（君のようにドラムをたたけるようになりたい。）

Let's play Bingo! **次の語句を声に出して言ってみよう。次に表の中に書き込んでみよう。同じ語句は２度書かないようにしよう。**

want to（～したい）/ start to（～し始める）/ begin to（～し始める）/ plan to（～を計画する）/ as soon as（～するとすぐに）/ architect（建築家）/ in the future（将来）/ as soon as possible（できるだけ早く）/ play catch（キャッチボールをする）/ join（～に加わる）/ remember（思い出す）

Let's Chat! **二人一組になり，下線部をかえて会話してみよう。**

A What do you want to do this weekend?

B I want to go to the movies. I want to see *Star Wars*. How about you?

Check!

□◎スラスラ言えた。□○少しつかえた。□△何回もつかえた。

9 不定詞（名詞的用法） Part2

Class　　Number　　Name

I plan to go snowboarding again this year with my friends.

（今年もまた友達とスノーボードに行く計画を立てます。）

Exercise 1 次の各文を声に出して読んでみよう。その後，その意味を日本語で書いてみよう。

① To see is to believe. ……………………

② I want to be an architect in the future. ……………………

③ As soon as I started to run, I became warm. ……………………

Really? I began to feel a little bad. ……………………

Exercise 2 次の日本語表現を英語でどう言いますか。（　）内に適する語を書いてみよう。その後，会話らしく言ってみよう。

① 昨日はできるだけ早く寝たかった。	I (　　　) to sleep as (　　　) as possible yesterday.
宿題が終わらなかったんだね。	You didn't finish your homework.
② 憲と僕はキャッチボールを始めた。	Ken and I (　　　) to play (　　　).
私も加わりたかったよ。	I (　　　) (　　　) join you.
③ 単語を思い出そうとしたけど，できなかった。	I (　　　) (　　　) remember the word, but I couldn't.
言葉を学ぶことは難しいね。	(　　　) (　　　) languages is difficult.
④ 私は母と待ち合わせをした。	I planned (　　　) (　　　) my mother.
その時，何を買ったの？	What did you buy then?

Check!
□◎7-8問正解　□○4-6問正解　□△3問以下

10 不定詞（副詞的用法） part1

Class　　Number　　Name

I'm going to the supermarket to buy some food for dinner.

（夕食の食べ物を買いにスーパーに行く予定です。）

Let's play Bingo! **次の語句を声に出して言ってみよう。次に表の中に書き込んでみよう。同じ語句は２度書かないようにしよう。**

Why（なぜ～？）/ see ～ off（～を見送る）/ get his autograph（彼のサインをもらう）/ stay up late（夜更かしする）/ get a high score（良い点を取る）/ New Year's Day（元旦）/ shrine（神社）/ pray（祈る）/ cousin（いとこ）/ entrance exam（入試）/ go well（うまくいく）

Let's Chat! **二人一組になり，下線部をかえて会話してみよう。**

A Where are you going after school?

B I'm going to the supermarket to buy some food for dinner. How about you?（ヒント：どこで何をするのか考えてみよう。）

A I'm going to the park to play soccer with my friends.

Check!

□◎スラスラ言えた。□○少しつかえた。□△何回もつかえた。

10 不定詞（副詞的用法） part2

Class　　Number　　Name

I went to the hospital to visit my friend.

（私は病院に友達のお見舞いに行きました。）

Exercise 1 次の各文を声に出して読んでみよう。その後，その意味を日本語で書いてみよう。

① Why did you go to Ken's house yesterday?
To study English with him.
② I went to see Mr. Nishikori to get his autograph.
③ I went to the station to see my father off.

Exercise 2 次の日本語表現を英語でどう言いますか。（　）内に適する語を書いてみよう。その後，会話らしく言ってみよう。

① 何で居残り勉強したの？ — Why did you stay (　　　) school and study?
明日のテストでいい点を取るためさ。 — (　　　) (　　　) a high score on tomorrow's test.
② 元旦には何をしましたか？ — What did you do on New Year's Day?
神社でお参りしました。 — I visited the shrine (　　　) (　　　).
③ どうやってここまで来たの？ — How did you come here?
私のいとこが駅まで私を迎えに来てくれました。 — My cousin came (　　　) (　　　) me at the station.
④ 兄は受験生なので，夜遅くまで勉強していた。 — My brother stayed up late to (　　　) for the entrance exams.
うまくいくといいね。 — I hope things will go well.

Check!
□◎7-8問正解　□○4-6問正解　□△3問以下

2年 BINGO

11 不定詞（形容詞的用法） part1

Class　　Number　　Name

I have a lot of homework to do.

（私にはすべき宿題がたくさんあります。）

Let's play Bingo! **次の語句を声に出して言ってみよう。次に表の中に書き込んでみよう。同じ語句は２度書かないようにしよう。**

free（暇な）/ go out（出かける）/ catch（風邪などをひく）/ the flu（インフルエンザ）/ have an appointment（約束がある）/ nothing to do（することが何もない）/ nothing special to do（特にすることが何もない）/ something else to do（他に何かすること）/ enough money to buy（買うのに十分なお金）/ always（いつも）/ no time to ～（～する時間がない）/ together（一緒に）

Let's Chat! **二人一組になり，下線部をかえて会話してみよう。**

A Are you free this afternoon?

B Sorry, but I have an appointment to see my friend. I'm free tomorrow afternoon.（ヒント an appointment to help my mother, a lot of homework to do, many things to do. など）

A OK, then let's go out tomorrow afternoon.

Check!

□◎スラスラ言えた。□○少しつかえた。□△何回もつかえた。

11 不定詞（形容詞的用法） Part2

Class　　Number　　Name

I made an appointment to see Ken.

（私は憲に会う約束をしました。）

Exercise 1 **次の各文を声に出して読んでみよう。その後，その意味を日本語で書いてみよう。**

① I have nothing to do today. ……………………

Let's go to Shibuya. There are many shops to see. ……………………

② Let's buy some hamburgers to take out. ……………………

I also want something cold to drink. ……………………

Exercise 2 **次の日本語表現を英語でどう言いますか。（　）内に適する語を書いてみよう。その後，会話らしく言ってみよう。**

① 君の学校はどうですか？	(　　　) do you like your school?
遊べる大きなグランドがあるよ。	We have a big playground (　　　) (　　　) in.
② 夏休みは楽しかったですか？	Did you have fun during summer vacation?
いや，インフルエンザで，遊ぶ時間がなかったよ。	No, I had no time (　　　) play. I caught the flu.
③ 君たちは一緒にショッピングに行ったの？	Did you go (　　　) (　　　)?
いや，憲は他にすることがあったんだ。	No, Ken had something (　　　) to do.
④ 私は新しいCDを買うのに十分なお金を持っていなかったんだ。	I didn't have (　　　) money to buy the new CD.
じゃあ，それをプレゼントしてあげるよ。	Then I will buy it for you as a present.

Check!

□◎7-8問正解　□○4-6問正解　□△3問以下

12 動名詞 Part1

Class　　Number　　Name

I like listening to Chopin.

（私はショパンを聞くのが好きです。）

Let's play Bingo! **次の語句を声に出して言ってみよう。次に表の中に書き込んでみよう。同じ語句は２度書かないようにしよう。**

take a bath（風呂に入る）/ western music（洋楽）/ instead of（～の代わりに）/ How about（～するのはどうですか）/ necessary（必要な）/ be sure of（～に自信がある，確信している）/ Of course（もちろん）/ a weather map（天気図）/ not much fun（それほど面白くない）/ get used to ～（～に慣れる）/ pass the exam（試験に受かる）

＿＿＿＿	＿＿＿＿	＿＿＿＿
＿＿＿＿	＿＿＿＿	＿＿＿＿
＿＿＿＿	＿＿＿＿	＿＿＿＿

Let's Chat! **二人一組になり，下線部をかえて会話してみよう。**

A I like classical music. I like listening to Chopin.
How about you?

B Well, I like sports. I like playing baseball. I practice it at school.

Check!
□◎スラスラ言えた。□○少しつかえた。□△何回もつかえた。

Class　　Number　　Name

I enjoyed shopping with my friends.

（友達と買い物をして楽しみました。）

Exercise 1 **次の各文を声に出して読んでみよう。その後，その意味を日本語で書いてみよう。**

① After taking a bath, what did you do? ……………………

I enjoyed listening to western music. ……………………

② I often play the piano instead of playing a game. ……………………

③ My brother sometimes enjoys reading books in bookstores. ……………………

Exercise 2 **次の日本語表現を英語でどう言いますか。（　）内に適する語を書いてみよう。その後，会話らしく言ってみよう。**

① 映画に行くのはどうかしら？	How (　　　) (　　　) to a movie?
いいね。	Sounds good.
② テストに合格する自信はあるの？	Are you sure (　　　) (　　　) the exam?
もちろんさ。	(　　　) (　　　) I am.
③ 何時に宿題を終えたの？	What time did you (　　　) doing your homework?
８時だよ。それから素振りをしたんだ。	At eight. Then I practiced (　　　).
④ 天気図を書くことはあまり面白くなかった。	(　　　) a weather map wasn't much fun.
慣れると面白くなってくるよ。	It will be fun when you get used to it.

Check!
□◎7-8問正解　□○4-6問正解　□△3問以下

13 目的語を2つ取る動詞 part1

Class　Number　Name

Can you lend me some money?

（お金をいくらか貸してくれる？）

Let's play Bingo! **次の語句を声に出して言ってみよう。次に表の中に書き込んでみよう。同じ語句は２度書かないようにしよう。**

give A B（A に B をあげる）/ send A B（A に B を送る）/ buy A B（A に B を買ってあげる）/ lend A B（A に B を貸す）/ medicine（薬）/ stomachache（腹痛）/ New Year's cards（年賀状）/ audience（観客）/ concert（コンサート）/ toy（おもちゃ）/ during（〜の間）/ give a fright（肝試しをする）/ envy（うらやむ）

Let's Chat! **二人一組になり，下線部をかえて会話してみよう。**

A Can you lend me some money?（ヒント your dictionary）

B OK. How much do you need?（ヒント All right. Here you're. / I'm sorry I can't. I'm using it now.）

A One hundred yen, please.

Check!

□◎スラスラ言えた。□○少しつかえた。□△何回もつかえた。

Class　　Number　　Name

13 目的語を2つ取る動詞　Part2

I gave my friend a bag and a pass case for her birthday.

（友達の誕生日にバッグと定期入れをあげました。）

Exercise 1 次の各文を声に出して読んでみよう。その後，その意味を日本語で書いてみよう。

① Please give me some good medicine for a stomachache. ....

② I sent my friends New Year's cards. ....

③ Friends give each other presents on Valentine's Day. ....

④ My parents bought me a " happy bag " on New Year's Day. ....

Exercise 2 次の日本語表現を英語でどう言いますか。（　）内に適する語を書いてみよう。その後，会話らしく言ってみよう。

① コンサートはどうだったの？	How was the concert?
観客が大きな拍手をくれたよ。	The audience (　　　) me a big hand.
② 新しいおもちゃは気に入ったかな？	How do you like your new toy?
子供じゃないんだから，別のものをください。	I'm not a kid, so give me (　　　) (　　　).
③ 友達との旅行は楽しかったの？	Did you enjoy your trip with your friends?
夜に肝試しをしたんだよ。	During the night, we gave them (　　　) (　　　).
④ ホワイトデーに彼氏にプレゼントを買ってもらった。	On White Day my boyfriend (　　　) (　　　) a present.
うらやましいな。	I envy you.

Check!
□◎7-8問正解　□○4-6問正解　□△3問以下

14 look (feel) + 形容詞 (SVC) Part1

Class　　Number　　Name

You look happy!

(嬉しそうですね。)

Let's play Bingo! **次の語句を声に出して言ってみよう。次に表の中に書き込んでみよう。同じ語句は２度書かないようにしよう。**

delicious（おいしい）/ nervous（緊張して）/ amazing（驚きな）/ serious（深刻な，真面目な）/ look happy（嬉しそうに〈幸せそうに〉見える）/ look sleepy（眠そうに見える）/ feel sleepy（眠く感じる）/ look angry（怒っているように見える）/ feel happy（幸せに感じる）/ have a haircut（髪を切る）/ desert（デザート）/ one's turn（〜の順番）/ How do you like（〜はどうですか）

Let's Chat! **二人一組になり，下線部をかえて会話してみよう。**

A When do you feel happy?

B I feel happy when I play with my dog. How about you?

A When I play soccer with my friends in the playground.

Check!

□◎スラスラ言えた。□○少しつかえた。□△何回もつかえた。

14 look (feel) + 形容詞 (SVC)　Part2

Class　　Number　　Name

I felt carsick.

(車に酔いました。)

Exercise 1 次の各文を声に出して読んでみよう。その後，その意味を日本語で書いてみよう。

① The dessert looks delicious. ……………………

② That T-shirt looks cute. ……………………

③ I feel happy when I read comics. ……………………

④ I feel lonely when nobody else is at home. ……………………

Exercise 2 次の日本語表現を英語でどう言いますか。(　) 内に適する語を書いてみよう。その後，会話らしく言ってみよう。

① 私は昨日髪を切ったの。	I had a haircut yesterday.
新しい髪型，似合ってるよ。	Your new hairstyle (　　　) good.
② お父さんのこと，どう思うの？	How do you like your father?
仕事ではまじめでかっこよく見えるね。	He is serious and (　　　) (　　　) at work.
③ 次が私たちの番だね。	Next is our turn.
君は緊張してるように見えるね。	You (　　　) (　　　).
④ その本は面白そうに見えた。	The book (　　　) (　　　).
君も読んでみたいの？	Do you want to read it?

Check!

□◎7-8問正解　□○4-6問正解　□△3問以下

2年BINGO

15 体調や具合の悪いときの表現　Part1

Class　　Number　　Name

I have a runny nose.

（私は鼻水が出ます。）

Let's play Bingo! **次の語句を声に出して言ってみよう。次に表の中に書き込んでみよう。同じ語句は２度書かないようにしよう。**

feel sick（気分が悪い）/ have a headache（頭痛がする）/ have a stomachache（腹痛がする）/ be absent from school（学校を休む）/ see a doctor（医者に診てもらう）/ have a cold（風邪をひいている）/ have a runny nose（鼻水が出る）/ What's the matter?（どうしましたか）/ feel carsick（車に酔う）/ take care of（～を大事にする）/ fake an illness（仮病を使う）/ get sunburned（日焼けする）

Let's Chat! **二人一組になり，Bさんが体調不良の状況を設定し，下線部をかえて会話してみよう。**

A You don't look well. What's the matter?

B I have a runny nose and a headache.

A Oh, that's too bad. You should see a doctor.

Check!

□◎スラスラ言えた。□○少しつかえた。□△何回もつかえた。

15 体調や具合の悪いときの表現　Part2

Class　　Number　　Name

I have a fever.

(私は熱があります。)

Exercise 1 次の各文を声に出して読んでみよう。その後，その意味を日本語で書いてみよう。

① He is faking an illness. ……………………

② Sometimes I have a headache. ……………………

③ When I started running, I began to feel bad. ……………………

④ Please give me some good medicine for a headache. ……………………

Exercise 2 次の日本語表現を英語でどう言いますか。(　) 内に適する語を書いてみよう。その後，会話らしく言ってみよう。

① 顔色悪いよ。どうしたの？	You don't look well. What's the (　　　)?
風邪をひいています。	I have a cold.
② ちょっと車に酔ったんだ。	I felt a little (　　　).
この薬を飲むといいよ。	Please take this medicine.
③ 風邪をひきました。	I caught a cold.
どうぞお大事に。	Please (　　　) good (　　　) of yourself.
④ 日焼けをして肌が痛かった。	My skin got badly (　　　).
それはいけないわね。	That's too bad.

Check!
□◎7-8問正解　□○4-6問正解　□△3問以下

2年 BINGO

16 比較級（形容詞・副詞） Part1

Class　　Number　　Name

Who can run faster than you in your class?

（クラスであなたより速く走れる人は誰ですか？）

Let's play Bingo! **次の語句を声に出して言ってみよう。次に表の中に書き込んでみよう。同じ語句は２度書かないようにしよう。**

taller（背がより高い）/ shorter（背がより低い）/ lower（より低い）/ faster（より速く）/ earlier（より早く）/ quieter（より静かに）/ look（～に見える）/ before（以前）/ period（期間）/ grow（成長する）/ population（人口）/ look forward to（～を楽しみにする）/ earlier than usual（いつもより早く）

Let's Chat! **二人一組になり，下線部をかえて会話してみよう。**

A Who can run faster than you in your class?

B I think Yuki can.（ヒント can swim faster / can jump higher / is smarter / Who gets up earlier than you in your family? - My mother does. / Who is taller than you in your family? – My father is.）

Check!
□◎スラスラ言えた。□○少しつかえた。□△何回もつかえた。

16 比較級（形容詞・副詞） Part2

Class　　Number　　Name

Who is taller than you in your family?

（あなたの家族であなたより背が高い人は誰ですか？）

Exercise 1 次の各文を声に出して読んでみよう。その後，その意味を日本語で書いてみよう。

① The population of Nagano is lower than that of Tokyo. ……………………

② The sea level is higher than before because of global warming. ……………………

③ My father looked smaller than last time. ……………………

④ I went to bed earlier than usual. ……………………

Exercise 2 次の日本語表現を英語でどう言いますか。（　）内に適する語を書いてみよう。その後，会話らしく言ってみよう。

① もうすこし静かにしてください。	Can you be a little (　　　)?
ごめんなさいね，静かにするね。	I'm sorry, I will.
② おじいちゃんの家にいて楽しんだの？	Did you enjoy staying at your grandfather's house?
もっと長くいたかったな。	I wanted to stay a (　　　) period.
③ あなたの幼馴染はどうなってたの？	How were your old friends?
憲は大きくなって，恵子は美人になってた。	Ken grew (　　　) and Keiko became beautiful.
④ もっと素敵なものを買ってあげるよ。	I will buy a (　　　) present for you.
楽しみにしてるわね。	I'm looking forward to it.

Check!

□◎7-8問正解　□○4-6問正解　□△3問以下

2年BINGO

17 比較級（better） Part1

Class　　Number　　Name

Which rice ball do you like better, salmon or *umeboshi*?

（どっちのおにぎりが好きですか，鮭ですか梅干しですか？）

Let's play Bingo! **次の語句を声に出して言ってみよう。次に表の中に書き込んでみよう。同じ語句は２度書かないようにしよう。**

better（より良い）/ worse（より悪い）/ prefer（～の方を好む）/ salmon（鮭）/ thanks to（～のおかげで）/ than anyone else（他の誰より）/ sour（酸っぱい）/ sweet（甘いもの）/ condition（状態）/ practice（練習）/ perfect（完璧な）

Let's Chat! **二人一組になり，下線部をかえて会話してみよう。**

A Which rice ball do you like better, salmon or *umeboshi*?（ヒント seaweed〔昆布〕/ cod roe〔たらこ〕）

B I like *umeboshi* better. How about you?

A I prefer salmon. I eat it every morning.

Check!

□◎スラスラ言えた。□○少しつかえた。□△何回もつかえた。

17 比較級（better） Part2

Class　Number　Name

Which do you like better, dogs or cats?

（あなたはどちらが好きですか，犬ですか，猫ですか？）

Exercise 1 次の各文を声に出して読んでみよう。その後，その意味を日本語で書いてみよう。

① Thanks to my friend, I became a better player. ……………………

② He plays better than anyone else. ……………………

③ Sweets are worse for our teeth than sour food. ……………………

④ My score on the English test is better than yours. ……………………

Exercise 2 次の日本語表現を英語でどう言いますか。（　）内に適する語を書いてみよう。その後，会話らしく言ってみよう。

① どっちの映画が好きなの？	Which movie do you like (　　　)?
スターウォーズの方が好き。	I prefer *Star Wars.*
② 持病がひどくなり，入院することになった。	My condition got (　　　), so I had to go into hospital.
それはお気の毒です。	That's too bad.
③ ディズニーランドとシーのどっちが好きなの？	Which do you like (　　　), Disneyland or Disney Sea?
どちらとも言えないなあ。	I can't say which is (　　　).
④ 英語をもっと上手に話せるようになりたいです。	I want to be a (　　　) English speaker.
練習がものを言うわね。	Practice makes perfect.

Check!
□◎7-8問正解　□○4-6問正解　□△3問以下

2年 BINGO

18 最上級（形容詞・副詞） Part1

Class　　Number　　Name

Who is the most popular entertainer in Japan?

（日本で誰が一番人気のある芸人ですか？）

Let's play Bingo! **次の語句を声に出して言ってみよう。次に表の中に書き込んでみよう。同じ語句は２度書かないようにしよう。**

good（よい，上手な）/ well（よく，上手に）/ better / best / difficult（難しい）/ more difficult / most difficult / popular（人気がある）/ more popular / most popular / interesting（面白い）/ more interesting / most interesting / exciting（わくわくする）/ more exciting / most exciting

Let's Chat! **二人一組になり，下線部をかえて会話してみよう。**

A Who is the most popular <u>entertainer</u> in Japan?（ヒント singer / athlete 運動選手）

B Let's see. I think (that) Sanma is. What do you think?

A I don't think so. I think Tamori is.

Check!

□◎スラスラ言えた。□○少しつかえた。□△何回もつかえた。

18 最上級（形容詞・副詞） **Part2**

Class　　Number　　Name

What is the most exciting sport in Japan?

（日本で一番エキサイティングなスポーツは何ですか？）

Exercise 1 **次の各文を声に出して読んでみよう。その後，その意味を日本語で書いてみよう。**

① What was the most interesting TV program for you? ……………………

② Who is the best soccer player in Japan? ……………………

③ What food do you like the best? ……………………

④ What subject is the most difficult for you of all the tests? ……………………

Exercise 2 **次の日本語表現を英語でどう言いますか。（　）内に適する語を書いてみよう。その後，会話らしく言ってみよう。**

① 日本で一番人気のあるスポーツは何ですか？	What is the (　　　) (　　　) sport in Japan?
ラグビーだと思います。	I think rugby is.
② あなたにとって一番わくわくするスポーツは何ですか？	What is the (　　　) (　　　) sport for you?
えーっと，相撲だと思う。	Let's see. I think *sumo* is.
③ 日本で一番人気のあるバンドは何ですか？	(　　　) is the (　　　) (　　　) band in Japan?
Mr. Children だと思うけど。	Let me see. I think Mr. Children are.
（ビートルズだと思うけど。）	(I think the Beatles are.)
④ あなたにとって一番面白いと思うテレビ番組は何ですか？	(　　　) is the (　　　) (　　　) TV program for you?
そうね，「真田丸」だと思う。	Well, I think *Sanadamaru* is.

Check!

□◎7-8問正解　□○4-6問正解　□△3問以下

Class Number Name

Will you turn on the TV?

（テレビをつけてくれませんか？）

Let's play Bingo! 次の語句を声に出して言ってみよう。次に表の中に書き込んでみよう。同じ語句は２度書かないようにしよう。

Can you ～?（～してくれませんか）/ Will you ～?（～してくれませんか）/ Could you ～?（～してくださいませんか）/ Would you ～?（～してくださいませんか）/ turn on the TV（テレビをつける）/ turn off the TV（テレビを消す）/ turn up the TV（テレビの音を大きくする）/ turn down the TV（テレビの音を小さくする）/ air conditioner（エアコン）/ a little ～（少し～）

Let's Chat! 二人一組になり，下線部をかえて会話してみよう。

A Will you (turn on / turn off / turn up / turn down) the TV?

B Sure. But why? / I'm sorry. I can't.（理由 I want to study. / I want to watch this program. / It's too loud. / I'm busy now. など）

A My favorite TV program will start soon.

Check!
□◎スラスラ言えた。□○少しつかえた。□△何回もつかえた。

Class　　Number　　Name

Will you turn off the lights when you leave the room?

（部屋を出るときにライトを消してくれませんか？）

Exercise 1 次の各文を声に出して読んでみよう。その後，その意味を日本語で書いてみよう。

① Will you turn on the air conditioner? ……………………

② Can you help me with my English homework? ……………………

③ Will you pass me the salt, please? ……………………

④ Could you tell me the way to the station? ……………………

Exercise 2 次の日本語表現を英語でどう言いますか。（　）内に適する語を書いてみよう。その後，会話らしく言ってみよう。

① 池袋駅への行き方を教えてくださいませんか？　(　　　)(　　　) tell me the way to Ikebukuro Station?

新宿で山手線に乗り換えてください。　Change trains to the Yamanote Line at Shinjuku Station.

② もう少し静かにしてくださいませんか？　(　　　)(　　　) be a little quieter?

すみません，気を付けます。　I'm sorry. I'll be careful.

③ 郵便局に連れて行ってくれませんか？　(　　　) you (　　　) me to the post office?

喜んで。　My pleasure.

④ 旅行の間，猫の面倒を見てくれませんか？　(　　　) you (　　　) after our cat while we're traveling?

いいですよ。　Sure.

Check!
□◎7-8問正解　□○4-6問正解　□△3問以下

20 受け身形（受動態） **Part1**

Class　　Number　　Name

Kinkaku-ji was built in 1397 by Ashikaga Yoshimitsu.

（金閣寺は1397年に足利義満によって建てられました。）

Let's play Bingo! **次の語句を声に出して言ってみよう。次に表の中に書き込んでみよう。同じ語句は２度書かないようにしよう。**

built（build の過去分詞形）/ held（hold の過去分詞形）/ chosen（choose の過去分詞形）/ frustrate（失望させる）/ please（喜ばせる）/ deliver（運ぶ）/ hold（開催する）/ beat（～を負かす）/ praise（褒める）/ fantastic（素晴らしい）/ deeply（深く）

Let's Chat! **二人一組になり，次の情報を用いて会話してみよう。**

Kinkaku-ji	Tokyo Sky Tree	*I Am a Cat*	*The Mona Lisa*
built	built	written	painted
1397	2012	Natsume Soseki	the 16th century

A Please tell me about Kinkaku-ji?

B All right. It was built by Ashikaga Yoshimitsu in 1397.

Check!

□◎スラスラ言えた。□○少しつかえた。□△何回もつかえた。

20 受け身形（受動態） **Part2**

Class　　　Number　　　Name

Japanese is spoken in Japan.

（日本語は日本で話されています。）

Exercise 1 **次の各文を声に出して読んでみよう。その後，その意味を日本語で書いてみよう。**

① The Wii was delivered to my house. ……………………

② The exam was held at Tokyo University. ……………………

③ My design was chosen for the class T-shirt. ……………………

④ I'm frustrated because we lost the game. ……………………

Exercise 2 **次の日本語表現を英語でどう言いますか。（　）内に適する語を書いてみよう。その後，会話らしく言ってみよう。**

① 私たちのチームは弱小チームに大敗した。	Our team was totally (　　　　) by a weaker team.
それは残念だったね。	That's too bad.
② 日本が宿敵韓国に勝って感動した。	I was deeply (　　　　) that the Japanese team beat their rival Korea.
素晴らしい試合だったね。	It was a fantastic game.
③ この本は映画の原作の本だ。	This movie is (　　　　) (　　　　) this book.
へえ〜。読んでみたいな。	Oh. I want to read it.
④ サッカーのコーチに褒められて嬉しかった。	I (　　　　) (　　　　) because my soccer coach praised me.
よれは良かったわね。	That's great.

Check!
□◎7-8問正解　□○4-6問正解　□△3問以下

2年 ▶▶▶ 解答編

1 be 動詞の過去形（was, were）

▶▶▶ p.53

Exercise 1 ① テストはどうでしたか。 ちょっと難しかったです。 ② 映画はどうでしたか。感動しました。

Exercise 2 ① won ② played ③ How, was ④ How, was

2 過去進行形

▶▶▶ p.55

Exercise 1 ① あなたは昨日９時に何をしていましたか。私はあなたからの電話を待っていました。 ② あなたはその時勉強していましたか。いいえ，していませんでした。私は家でゴロゴロしていました。

Exercise 2 ① was, enjoying, festival ② were, chatting, half ③ looking, for, looking, for, glasses ④ Where, lying

3 助動詞 will

▶▶▶ p.57

Exercise 1 ① どのチームがワールドカップで優勝するだろう。ブラジルだと思うな。
② 今度の日曜日何をする。英検４級を受けるよ。

Exercise 2 ① will, stay ② When, will, in ③ will ④ will, have

4 be going to ＋ 動詞の原形

▶▶▶ p.59

Exercise 1 ① あなたはどこに滞在する予定ですか。私はハワイのおじさんの家に滞在する予定です。 ② あなたの家族は今夜何をする予定ですか。私たちはスターウォーズ７の映画を見に行く予定です。

Exercise 2 ① going, to, At, about ② is, going, take ③ Who, is ④ are, against

5 接続詞 if, while

▶▶▶ p.61

Exercise 1 ① もし成績が良かったら，両親がコンピュータを買ってくれるだろう。 ② もし十分時間があれば，おそくまで練習するだろう。 ③ 私はテレビを見ながら英語を勉強した。
④ 私はスパゲッティを食べながらニュース番組を見た。

Exercise 2 ① If, can (will), nice (great) ② If, like (can), will ③ while, listening, study
④ fell, while

6 There is (are) ~. とその疑問文

▶▶▶ p.63

Exercise 1 ① 買い物はどうだったの。 セールがあったので，混んでいたよ。 ② 特になにもなかった。 ③ 飛行機には空席が目立ちましたか。

Exercise 2 ① are, there, There are ② There, was, too bad ③ Why, There, is ④ There, were

7 I'm sure (that) ~ . / I hope (that) ~ . などの言い方

▶▶▶ p.65

Exercise 1 ① その問題はどうなるでしょう。きっと大丈夫だと思います。 ② 来年何を望んでるの。英検３級に合格するといいんだけど。

Exercise 2 ① be, sure, fun ② come to, sure, will ③ How, hope, sequel ④ will come true

8 買い物での表現

▶▶▶ p.67

Exercise 1 ① それらはいくらかかりましたか。全部で6000円でした。 ② ほかに何を買いましたか。何も。すでにたくさんお金を使いました。

Exercise 2 ① sale, fun ② much, book coupon ③ New Year's, first shopping ④ dropped by

9 不定詞（名詞的用法）

▶▶▶ p.69

Exercise 1 ① 百聞は一見にしかず。 ② 私は将来建築家になりたい。 ③ 走り始めたとたん，暖かくなった。本当？ 私は少し気分が悪くなった。

Exercise 2 ① 1. wanted, soon ② started (began), catch, wanted to ③ tried to, To learn ④ to, see (meet)

10 不定詞（副詞的用法）

▶▶▶ p.71

Exercise 1 ① どうして昨日，憲の家に行ったの。一緒に英語を勉強するためだよ。 ② 私はサインをもらうために錦織選手に会いに出かけました。 ③ 私は父を見送りに駅に行きました。

Exercise 2 ① after, To, get ② to, pray ③ to, meet ④ study

11 不定詞（形容詞的用法）

▶▶▶ p.73

Exercise 1 ① 今日は何もやることがないな。 渋谷に行こう。 たくさん見るお店があるよ。 ② テイクアウトでハンバーガーを買おう。また何か冷たい飲み物も欲しいな。

Exercise 2 ① How, to, play ② to ③ shopping, together, else ④ enough

12 動名詞

▶▶▶ p.75

Exercise 1 ① お風呂に入った後，何をしたの。洋楽を聞いて楽しんだよ。 ② 私はよくゲームをする代わりにピアノを弾きます。 ③ 兄（弟）は時々本屋さんで立ち読みを楽しんでいます。

Exercise 2 ① about, going ② of, passing, Of, course ③ finish, batting (swinging) ④ Drawing

13 目的語を２つ取る動詞

▶▶▶ p.77

Exercise 1 ① 腹痛に良い薬を私にください。 ② 私は友達に年賀状を送った。 ③ ヴァレンタインデーには友達がお互いにプレゼントを贈ります。 ④ 元旦に両親が私に福袋を買ってくれた。

Exercise 2 ① gave ② something, else ③ a, fright ④ bought, me

14 look（feel）＋形容詞（SVC）

▶▶▶ p.79

Exercise 1 ① そのデザートはおいしそうに見える。 ② あのＴシャツはかわいく見える。 ③ 私はマンガを読むとき幸せな気分になります。 ④ 家に誰もいないと私はさびしい。

Exercise 2 ① looks ② looks, cool ③ look, nervous ④ looked, interesting

15 体調や具合の悪いときの表現

▶▶▶ p.81

Exercise 1 ① 彼は仮病を使っている。 ② たまに頭が痛くなる。 ③ ランニングを始めた時，気分が悪くなってきた。 ④ 頭痛に良い薬をください。

Exercise 2 ① matter ② carsick ③ take, care ④ sunburned

16 比較級（形容詞・副詞）

▶▶▶ p.83

Exercise 1 ① 長野の人口は東京よりも少ない。 ② 地球温暖化で海面が前より高い。 ③ 父は前より小さく見えた。 ④ 私はいつより早く寝ました。

Exercise 2 ① quieter ② longer ③ taller ④ nicer

17 比較級（better）

▶▶▶ p.85

Exercise 1 ① 友達のおかげで，私は前より上手になった。 ② 彼は他の誰よりも上手い。 ③ 甘いものは酸っぱい食べ物より歯に悪い。 ④ 私の英語のテストの得点は君の得点よりよい。

Exercise 2 ① better ② worse ③ better, better ④ better

18 最上級（形容詞・副詞）

▶▶▶ p.87

Exercise 1 ① あなたにとって一番面白かったテレビ番組は何でしたか。 ② 日本一のサッカー選手は誰ですか。 ③ あなたが一番好きな食べ物は何ですか。 ④ あなたにとって全部のテストの中でどの教科が一番難しいですか。

Exercise 2 ① most, popular ② most, exciting ③ What (Who), most, popular ④ What, most, interesting

19 助動詞 will（依頼）など

▶▶▶ p.89

Exercise 1 ① エアコンをつけてくれませんか。 ② 私の英語の宿題を手伝ってくれませんか。 ③ 塩を取ってもらえませんか。 ④ 駅への道を教えていただけませんか。

Exercise 2 ① Would (Could), you ② Would (Could), you ③ Will (Can), take ④ Will (Can), look

20 受け身形（受動態）

▶▶▶ p.91

Exercise 1 ① Wii が家に届けられた（配達された）。 ② 東京大学で試験が行われた。 ③ 私のデザインがクラスTシャツに選ばれた。 ④ 私たちは試合に負けたので，私はがっかりした。

Exercise 2 ① beaten ② impressed ③ based, on ④ was, pleased

1 現在完了形（継続） Part1

Class　　Number　　Name

I've enjoyed playing soccer for three years.

（私は3年間ずっとサッカーをするのを楽しんでいます。）

Let's play Bingo! 次の語句を声に出して言ってみよう。次に表の中に書き込んでみよう。同じ語句は2度書かないようにしよう。

live in / be interested in / How long / for two months / for three years / for about five years / for a long time /since 2014 / since April / since last year / since last summer / since I was nine years old / since I was born

Let's Chat! 二人一組になり，下線部をかえて会話してみよう。

A I like <u>playing basketball</u>. （下線部を自分の趣味や好きなことにかえよう。）

B How long have you enjoyed it?

A I've enjoyed it <u>for about three years.</u>（期間を付け加えよう。）

Check!
□◎スラスラ言えた。□○少しつかえた。□△何回もつかえた。

1 現在完了形（継続） Part2

Class　　Number　　Name

I've been a Giants fan since first grade.

（私は小学校1年のときからジャイアンツのファンです。）

Exercise 1 **次の各文を声に出して読んでみよう。その後，その意味を日本語で書いてみよう。**

① I haven't felt good all day. ……………………

② I have wanted to buy the CD for a long time. ……………………

③ I've liked to read books since I was a child. ……………………

④ We have been interested in fashion since elementary school. ……………………

Exercise 2 **次の日本語表現を英語でどう言いますか。（　）内に適する語を書いてみよう。その後，会話らしく言ってみよう。**

① 将来の夢は何？	What do you want to be in the future?
体育の先生。子供のときからの夢なんだ。	I want to be a PE teacher. It has (　　) my dream since I was a child.
② どれくらい長くピアノを弾いてきたの？	How (　　) have you played the piano?
10歳のときからです。	I've played it (　　) I was ten years old.
③ あなた，犬を飼っているんだってね。	I hear you have a pet dog.
そうよ。子供の頃からよ。	Oh, yes. I (　　) had it (　　) I was a little girl.
④ 午前中ずっと緊張しているのよ。	I (　　) (　　) nervous all morning.
肩の力を抜いて。きっと，うまくいくから。	Take it easy. I'm sure you can make it.

Check!
□◎7-8問正解　□○4-6問正解　□△3問以下

2 現在完了形（完了） Part1

Class　Number　Name

I've just started learning Japanese tea ceremony.

（私はちょうど茶道を習い始めたところです。）

Let's play Bingo! 次の語句を声に出して言ってみよう。次に表の中に書き込んでみよう。同じ語句は２度書かないようにしよう。

just（ちょうど）/ now（いま）/ already（すでに）/ yet?（もう）/ not ～ yet（まだ～ない）/ I have / I've / go / went / gone / have gone to（～へ行ってしまった）/ finish / finished / Japanese tea ceremony（茶道）

Let's Chat! 二人一組になり，A さんが何かを始めたところであるという状況を設定して，下線部をかえて会話してみよう。

A I've just started learning Japanese tea ceremony. (learning the trumpet / listening to Jazz / reading *Botchan* by Natsume Soseki)

B Really? Is it fun? (Is it interesting?)

A Yes, it is. (It's OK.)

Check!
□◎スラスラ言えた。□○少しつかえた。□△何回もつかえた。

2 現在完了形（完了） Part2

Class　　Number　　Name

I've already read the book.

（私はすでにその本を読んでしまいました。）

Exercise 1 **次の各文を声に出して読んでみよう。その後，その意味を日本語で書いてみよう。**

① I've just started taking piano lessons. ……………………

② I've just started practicing the drums so I am not very good yet. ……………………

③ Have you finished your science report yet? ……………………

④ I haven't finished studying English yet so I can't go out. ……………………

Exercise 2 **次の日本語表現を英語でどう言いますか。（　）内に適する語を書いてみよう。その後，会話らしく言ってみよう。**

① 憲，ほんとに焼けたね。	Wow, Ken. You're really brown.
ええ，沖縄から戻ってきたばかりだよ。	Yeah, I've (　　　) got back from Okinawa.
② サンドラ，宿題終わったの？	(　　　) you (　　　) your homework, Sandra?
いいえ，でも明日までには終わるわ。	No, but I'll finish it by tomorrow.
③ ジム，ワンちゃんに食事あげたの？	Jim, (　　　) you (　　　) the dog his food yet?
ううん，お母さんがあげたと思ったよ。	No, Mom. I thought you did.
④ お母さん，ワンちゃんをもう散歩に連れてったの？	Mom, (　　　) you already walked the dog?
まだよ。	No, not (　　　).

Check!
□◎7-8問正解　□○4-6問正解　□△3問以下

3年 BINGO

3 現在完了形（経験） Part1

Class　　Number　　Name

Have you ever been to Kyoto?

（あなたは今までに京都へ行ったことがありますか？）

Let's play Bingo! **次の語句を声に出して言ってみよう。次に表の中に書き込んでみよう。同じ語句は２度書かないようにしよう。**

once / twice / three times / sometimes / often / many times / never / before / have been to（〜へ行ったことがある）/ Have you ever been to（今までに〜へ行ったことがありますか）/ have never been to（〜へ行ったことは一度もありません）

Let's Chat! **二人一組になり，下線部をかえて会話してみよう。**

A Have you ever been to Kyoto?

B Yes, I have. / No, I haven't.（no の場合は A さんに聞き返そう。Have you ever been to Kyoto, A?）

A（yes の場合）Where did you go?

B Well, I went to Kiyomizu temple. The view from the stage was great.

Check!

□◎スラスラ言えた。□○少しつかえた。□△何回もつかえた。

3 現在完了形（経験） **Part2**

Class　　Number　　Name

I've never been on a plane before.

（これまでに一度も飛行機に乗ったことがありません。）

Exercise 1 **次の各文を声に出して読んでみよう。その後，その意味を日本語で書いてみよう。**

① I've never skipped tennis club practice. ……………………

② I've seen a big fireworks display at Sumida River. ……………………

③ Eric, have you been to Paris before? ……………………

④ I'm in a band and we've performed many times. ……………………

＊ perform 演奏する

Exercise 2 **次の日本語表現を英語でどう言いますか。（　）内に適する語を書いてみよう。その後，会話らしく言ってみよう。**

① ポール，今までにオーストラリアに行ったことがありますか？	Have you ever (　　　) to Australia, Paul?
あるよ。去年行ったよ。	Yes, I went there last year.
② 最近コンサートに行ったことがある？	Have you (　　　) (　　　) any concerts recently?
ないけど，本当は行ってみたいんだ。	No, but I'd really like to go to one.
③ これまでに何回スキーをしたことがありますか？	How (　　　) (　　　) have you skied before?
２回だけだよ。	Just twice.
④ オーストラリアへは初めてですか？	Is this your first trip to Australia?
はい。これまで外国へは一度も行ったことがありません。	Yes. I've (　　　) (　　　) to another country before.

Check!

□◎7-8問正解　□○4-6問正解　□△3問以下

4 主語＋make＋目的語＋補語の文　Part1

Class　　Number　　Name

Riding my bike makes me happy.

（自転車に乗ると私は幸せな気持ちになります。）

Let's play Bingo! **次の語句を声に出して言ってみよう。次に表の中に書き込んでみよう。同じ語句は２度書かないようにしよう。**

call（～を…と呼ぶ）/ name（～を…と名づける）/ keep（～を…に保つ）/ make（～を…にする）/ play sports / play the piano / take a hot bath / eat sweets（甘いものを食べる）/ read comics / tidy（きちんと整頓した）/ mess（乱雑）/ convenient（便利な）

Let's Chat! **二人一組になり，何をすると幸せな気持ちになるのか相手と会話してみよう。３つ以上言えるようにしよう。**

A Playing soccer with my friends makes me happy. What makes you happy?

B Let's see. Helping my mother makes me happy. What else makes you happy?

A Well, singing my favorite songs makes me happy.

Check!

□◎スラスラ言えた。□○少しつかえた。□△何回もつかえた。

4 主語＋make＋目的語＋補語の文　Part2

Class　　Number　　Name

Keeping my house clean makes me happy.

(家をきれいにしておくと幸せな気持ちになります。)

Exercise 1 次の各文を声に出して読んでみよう。その後，その意味を日本語で書いてみよう。

① I'll keep my schedule open that week. ……………………

② My grandmother named her pet dog Spot. ……………………

③ Do you know people call New York City the Big Apple? ……………………

④ I think mobile phones can make life more convenient. ……………………

Exercise 2 次の日本語表現を英語でどう言いますか。(　) 内に適する語を書いてみよう。その後，会話らしく言ってみよう。

① ロバートを何て呼びますか？	What do they (　　　) Robert?
ボブと呼びます。	They (　　　) him Bob.
② エマ，また部屋が散らかっているわよ。整頓しなさい。	Emma, your room is a mess again. You should (　　　) it tidy.
仕方ないのよ。掃除する時間がないのよ。	I can't help it. I have no time to clean it.
③ 生まれたばかりのあなたのいとこの赤ちゃんの写真見せてよ。	Show me a picture of your new baby cousin.
いいわよ。両親が憲て名づけたのよ。	Of course. His parents (　　　) him Ken.
④ コンピュータで生活がいっそう楽になったって思うかい？	Do you think computers have (　　　) your life easier?
そう思うよ。ネットで買い物やメールもできるしね。	Yes, I do. On the Internet, people can shop and send e-mails.

Check!

□◎7-8問正解　□○4-6問正解　□△3問以下

5 It is ... to＋動詞の原形～. Part1

Class　　Number　　Name

It's not easy for me to stay up late and study.

（私にとって夜遅くまで起きていて勉強することは簡単ではありません。）

Let's play Bingo! **次の語句を声に出して言ってみよう。次に表の中に書き込んでみよう。同じ語句は２度書かないようにしよう。**

easy / hard / difficult / get up early（朝早く起きる）/ get up late（朝寝坊する）/ stay up late（夜更かしする）/ interesting / important / necessary / exciting / impossible / refreshing（気分が爽快な）/ boring（つまらない）/ a lot of fun（すごく楽しい）/ rare（珍しい）

Let's Chat! **二人一組になり，下線部を interesting，important の語にかえて会話してみよう。**

A What is <u>difficult</u> for you to do?

B Let me see. It's difficult for me to get up early in the morning. How about you?

A Let's see. It's difficult for me to stay up late.

Check!

□◎スラスラ言えた。□〇少しつかえた。□△何回もつかえた。

5 It is ... to＋動詞の原形～. Part2

Class　　Number　　Name

It is rare for me to get up early on Saturday.

（土曜日に私が朝早く起きるのは珍しい。）

Exercise 1 次の各文を声に出して読んでみよう。その後，その意味を日本語で書いてみよう。

① It is impossible for me to run 100 meters in ten seconds. ……………………

② It was much easier to come down than to climb up Mt. Fuji. ……………………

③ It is important for us to think about environmental problems. ……………………

④ It was refreshing to hear his music, especially the lyrics. ＊lyrics 歌詞 ……………………

Exercise 2 次の日本語表現を英語でどう言いますか。（　）内に適する語を書いてみよう。その後，会話らしく言ってみよう。

① どんなスポーツが好きなの？ What sports do you like?
球技だよ。サッカーをするのがすごく楽しい。 I like ball games. (　　　) is a lot of fun (　　　) play soccer.

② 数学の宿題が難しい。ポール手伝ってくれる？ (　　　) difficult (　　　) me to (　　　) my math homework. Can you help me, Paul?
いいよ。もちろんさ。 O.K. No problem.

③ 今晩コンサートに行くの？ Are you going to the concert tonight?
行きたいんだけど，チケットが入手困難でした。 I'd like to, but (　　　) (　　　) hard (　　　) get a ticket.

④ 初詣はどうだった？ How was your visit to the shrine on New Year's Day?
人が一杯で動けなくて大変だった。 There were so many people that (　　　) (　　　) difficult (　　　) move.

Check!
□◎7-8問正解　□○4-6問正解　□△3問以下

6 関係代名詞や接触節による後置修飾 Part1

Class Number Name

I found the comic I wanted in the shop.

（お店に欲しいマンガがありました。）

Let's play Bingo! **次の語句を声に出して言ってみよう。次に表の中に書き込んでみよう。同じ語句は２度書かないようにしよう。**

comic（マンガ）/ the comic I wanted（私が欲しいと思っていたマンガ）/ the CD I wanted / mobile phone（携帯電話）/ the mobile phone I wanted / the shoes I wanted / the T-shirt I wanted / the tennis racket I wanted / in the bookstore / in the store / in the shop / painting（絵画）

Let's Chat! **二人一組になり，下線部をかえて会話してみよう。**

A I found the comic I wanted in the shop. / I couldn't find the CD I wanted in the shop.

B Who is it by?

A Tezuka Osamu. / The Beatles.

Check!

□◎スラスラ言えた。□○少しつかえた。□△何回もつかえた。

6 関係代名詞や接触節による後置修飾　Part2

Class　　Number　　Name

I couldn't find the CD which I was looking for.

(私は探していたCDを見つけることができなかった。)

Exercise 1　**次の各文を声に出して読んでみよう。その後，その意味を日本語で書いてみよう。**

① I couldn't find anything in the store that I wanted to buy. ……………………

② That book is the one which I have wanted for a long time. ……………………

③ There wasn't a book I wanted to buy in the bookstore. ……………………

④ One of the accessories I bought was 400 yen. ……………………

Exercise 2　**次の日本語表現を英語でどう言いますか。(　) 内に適する語を書いてみよう。その後，会話らしく言ってみよう。**

① 駅の近くに大きな本屋さんがオープンしたそうね。	I hear the big bookstore opened near the station.
そうなのよ，でも欲しいマンガが見つからなかった。	You are right, but I couldn't find the comic (　　　) I wanted.
②（CDの売り場で）何か探している物があるの？	(At a CD shop) Is there something you're (　　　) for?
ええ，欲しいCDがあるのよ。	Yeah, there's a CD I want.
③「ひまわり」*をどう思う？（*ゴッホの有名な絵画）	What do you think of *Sunflowers*?
私が今まで見た中で一番美しい絵画だと思う。	I think it's the most beautiful painting I've ever (　　　).
④ すごい！　すごい映画だね！	Wow! What a wonderful movie!
すばらしかったね。私が見た映画の中で一番だったよ。	It was amazing. I think it's the best (　　　) I've seen.

Check!
□◎7-8問正解　□○4-6問正解　□△3問以下

7 tell (ask) ＋人＋ to ＋動詞の原形　Part1　　Class　　Number　　Name

What does your mother always tell you to do?

（お母さんの口癖は何ですか？）

Let's play Bingo! **次の語句を声に出して言ってみよう。次に表の中に書き込んでみよう。同じ語句は２度書かないようにしよう。**

go to bed early / help ～ with the housework（～の家事を手伝う）/ get up early / study much harder（もっと熱心に勉強する）/ do your homework / take a bath / clean your room / wash the dishes / clear the table（テーブルの上を片付ける）/ come home early / go shopping / buy a souvenir（お土産を買う）/ call me back（私に電話をかけなおす）

＿＿＿＿	＿＿＿＿	＿＿＿＿
＿＿＿＿	＿＿＿＿	＿＿＿＿
＿＿＿＿	＿＿＿＿	＿＿＿＿

Let's Chat! **二人一組になり，下線部をかえて会話してみよう。**

A What does your mother always tell you to do?

B Well, she always tells me to go to bed early. How about your mother?

A My mother tells me to help her with the housework.

Check!

□◎スラスラ言えた。□○少しつかえた。□△何回もつかえた。

7 tell (ask) ＋人＋ to ＋動詞の原形　Part2

Class　　Number　　Name

My mother always tells me to study harder.

（母は私にもっと一生懸命に勉強してちょうだいっていつも言います。）

Exercise 1 次の各文を声に出して読んでみよう。その後，その意味を日本語で書いてみよう。

① My mother told me to give the flowers some water. ……………………

② I asked my father to buy me a new mobile phone. ……………………

③ Could you ask Paul to call me back after 7 p.m.? ……………………

④ My mother always tells me not to use my mobile phone so often. ……………………

Exercise 2 次の日本語表現を英語でどう言いますか。（　）内に適する語を書いてみよう。その後，会話らしく言ってみよう。

① 両親はいつも何て言うの？	What do your parents always tell you?
早く寝なさいって言われてる。	They (　　　) me to (　　　) to (　　　) early.
② 母にお土産を頼まれたのよ。	My mother (　　　) me to (　　　) a souvenir for her.
何だったの？	What was it?
スカーフよ。	It was a scarf.
③ 週末はどうだった？	How was your weekend?
母の買い物に付き合わされたわ。	My mother (　　　) me to (　　　) shopping with her.
④ ジェーンお皿洗ってくれる？	Can I (　　　) you to (　　　) the dishes, Jane?
いいわよ，お母さん。	All right, Mom.

Check!
□◎7-8問正解　□○4-6問正解　□△3問以下

8 間接疑問文　Part1

Class　　Number　　Name

Could you tell me where you went during the winter vacation?

（冬休みどこに行ったか話していただけませんか？）

Let's play Bingo! 次の語句を声に出して言ってみよう。次に表の中に書き込んでみよう。同じ語句は２度書かないようにしよう。

where you went / how you travelled / by plane / who you went with / where you stayed / stay at a hotel / how you spent your time / enjoy skiing / what food you ate / what the weather was like / cloudy / what souvenirs you bought（どんなお土産をあなたが買ったか）/ some sweets / some chocolate / how many days you stayed / for three days

Let's Chat! 二人一組になり，下線部をかえて会話してみよう。

A Could you tell me where you went during the winter vacation?

B Well, I went to Hokkaido.

Check!

□◎スラスラ言えた。□○少しつかえた。□△何回もつかえた。

Class　　Number　　Name

I wonder why Ken had a fight with his friend.

（どうして憲は友達とけんかしたのかしら。）

Exercise 1 次の各文を声に出して読んでみよう。その後，その意味を日本語で書いてみよう。

① I don't know when my mother will be back. ……

② I wonder how I can improve my English. ……

③ It was so much fun that I forgot what time it was. ……

④ I couldn't decide which clothes I wanted to buy. ……

Exercise 2 次の日本語表現を英語でどう言いますか。（　）内に適する語を書いてみよう。その後，会話らしく言ってみよう。

① U.K. は何を意味しているかわかる？	Do you (　　　) what 'U.K.' stands for?
ええ。United Kingdom という意味だよ。	Yes. It means 'United Kingdom'.
② テストはどうだった？	How did you do on the test?
うまくいったかわからないよ。	I don't know (　　　) well I did on the test.
③ ルーシーはどうかしたの？	What's wrong with Lucy?
どうしてあんなに怒っているのかわからない。	I don't (　　　) (　　　) she's so angry.
④ バイク・ショップどこか知ってる？	Do you (　　　) (　　　) the bike shop is?
ええ。学校へ行く途中毎日そばを通るよ。	Yes, I pass by it every day on my way to school.

Check!
□◎7-8問正解　□○4-6問正解　□△3問以下

9 主語＋動詞＋目的語（疑問詞 +to+ 動詞の原形） **Part1**　Class　Number　Name

Do you know how to make an apple pie?

（アップルパイの作り方を知っていますか？）

Let's play Bingo! **次の語句を声に出して言ってみよう。次に表の中に書き込んでみよう。同じ語句は２度書かないようにしよう。**

make an apple pie / make a chocolate cake / make cookies / make a delicious curry / make hamburgers / make pizza / make potato chips / make salad / make coffee（コーヒーを入れる）/ make green tea（緑茶を入れる）/ make sandwiches / make tempura

Let's Chat! **二人一組になり，下線部をかえて会話してみよう。**

A Do you know how to make an apple pie?

B Yes, I do. I know (quite well / well) how to make an apple pie.　＊ quite well「かなりよく」, well「よく」

No, I don't. But I know how to make a chocolate cake.

Check!

□◎スラスラ言えた。□○少しつかえた。□△何回もつかえた。

9 主語＋動詞＋目的語（疑問詞 +to+ 動詞の原形） Part2 Class Number Name

I don't know how to make traditional New Year's dishes.

（私はおせち料理の作り方を知りません。）

Exercise 1 次の各文を声に出して読んでみよう。その後，その意味を日本語で書いてみよう。

① I don't know how to make a paper crane. ....

② We learned how to use the computers in the library. ....

③ John is learning how to cook because he's going to live by himself. ....

④ I didn't know what to do, so I called my father for help. ....

Exercise 2 次の日本語表現を英語でどう言いますか。（ ）内に適する語を書いてみよう。その後，会話らしく言ってみよう。

① キャンプのあいだ何を学んだの？	What did you learn during the camp?
他人と協力することをね。	I learned (　　) (　　) work with others.
② わー，スノボ上手だね。	Wow! You're good at snowboarding.
ありがと。最初は何をしたらいいかわからなかったけどね。	Thank you. At first I didn't know (　　) (　　) do.
③ 何を話しているの？	What are you talking about?
どこで昼食を食べようかってね。	About (　　) (　　) have lunch.
④ 日曜日どこで待ち合わせしようか？	Where shall we meet on Sunday?
最初，何をするか決めて，それから，どこで会うか決めたらどう。	Let's decide (　　) to do first, and then we can arrange (　　) to meet.

Check!

□◎7-8問正解 □○4-6問正解 □△3問以下

10 主語＋動詞＋目的語（人）＋目的語（疑問詞＋to＋動詞の原形） Part1　Class　Number　Name

Could you tell me how to make sushi?

（お寿司の作り方を私に教えていただけませんか？）

Let's play Bingo! 次の語句を声に出して言ってみよう。次に表の中に書き込んでみよう。同じ語句は２度書かないようにしよう。

how to make sushi / vinegar（酢）/ raw fish（刺身）/ how to make a cake / flour（小麦粉）/ how to make *takoyaki* / octopus（タコ）/ how to make curry / onions / potatoes / carrots / meat / pork / chicken / beef / curry roux / positive（積極的な）/ confident（自信のある）/ breaststroke（平泳ぎ）

Let's Chat! 二人一組になり，下線部をかえて会話してみよう。

A Could you tell me <u>how to make sushi</u>?

B All right. We need rice, vinegar, and raw fish. / I'm sorry I don't know.

Check!
□◎スラスラ言えた。□○少しつかえた。□△何回もつかえた。

10 主語＋動詞＋目的語（人）＋目的語（疑問詞＋to＋動詞の原形） Part2

Class　　Number　　Name

Please teach me how to play the recorder.

（私にリコーダーの吹き方を教えてください。）

Exercise 1 **次の各文を声に出して読んでみよう。その後，その意味を日本語で書いてみよう。**

① Please tell me what to do next. ……………………

② I'll show you how to use this computer. ……………………

③ My grandfather teaches me how to grow vegetables. ……………………

④ Our homeroom teacher taught us how to be positive and confident. ……………………

Exercise 2 **次の日本語表現を英語でどう言いますか。（　）内に適する語を書いてみよう。その後，会話らしく言ってみよう。**

① 兜（かぶと）の折り方を誰に習ったの？　Who taught you (　　) to make a paper samurai helmet?

母が教えてくれました。　My mother did.

② 平泳ぎを教えてくれない？　Could you show me (　　) (　　) swim the breaststroke?

いいですよ。　All right.

③ すみません。国立博物館にはどう行ったらいいですか？　Excuse me. Could you tell me (　　) (　　) (　　) to the National Museum?

ここからは遠いですよ。　It's far from here.

④ おいしい日本食を出してくれるレストランを探しています。　I'm looking for a restaurant that serves delicious Japanese food.

行き方を教えてあげますよ。　I'll tell (　　) (　　) (　　) get there.

Check!
□◎7-8問正解　□○4-6問正解　□△3問以下

3年 ▶▶▶ 解答編

1 現在完了形（継続）

▶▶▶ p.97

Exercise 1 ① 私は1日中気分がよくない。 ② 私は長い間ずっとそのCDを買いたいと思っています。 ③ 私は子供の頃から本を読むのが好きです。 ④ 私たちは小学校の頃からおしゃれ（ファッション）に興味を持っています。

Exercise 2 ① been ② long, since ③ 've（have）, since ④ 've（have）, been

2 現在完了形（完了）

▶▶▶ p.99

Exercise 1 ① 私はピアノを習い始めたばかりです。 ② 私はドラムの練習を始めたばかりでまだあまり上手ではありません。 ③ あなたはもう理科のレポートを終えましたか。 ④ 私はまだ英語の勉強を終えていないので外出できません。

Exercise 2 ① just ② Have, finished (or done) ③ have, given ④ have, yet

3 現在完了形（経験）

▶▶▶ p.101

Exercise 1 ① 私はテニス部の練習を一度も休んだことがありません。 ② 私は隅田川の大花火大会を見たことがあります。 ③ エリック，以前パリに行ったことがありますか。 ④ 私はバンドに入っているので，（私たちは）何度も演奏したことがあります。

Exercise 2 ① been ② been, to ③ many, times ④ never, been

4 主語＋ make ＋目的語＋補語の文

▶▶▶ p.103

Exercise 1 ① その週はスケジュールを空けておきます。 ② 祖母はペットの犬をスポットと名づけました。 ③ 人々がニューヨークのことをビッグ・アップルと呼んでいるのを知っていますか。 ④ 私は携帯電話が生活をもっと便利にできると思います。

Exercise 2 ① call, call ② keep ③ named ④ made

5 It is … to ＋動詞の原形～.

▶▶▶ p.105

Exercise 1 ① 私にとって100メートルを10秒で走ることは不可能です。 ② 富士山を登山するより下山する方がずっと簡単です。 ③ 私たちにとって環境問題について考えることは大切です。 ④ 彼の音楽，特に歌詞を聞くと気分がすっきりします。

Exercise 2 ① It, to ② It's, for, do ③ it, was, to ④ it, was, to

6 関係代名詞や接触節による後置修飾

▶▶▶ p.107

Exercise 1 ① 私はお店で買いたいと思ったものが何も見つかりませんでした。 ② その本は私が長いこと欲しいと思っていたものです。 ③ 本屋さんに買いたいと思っていた本がありませんでした。 ④ 私が買ったアクセサリーの１つは400円でした。

Exercise 2 ① that (which) ② looking ③ seen ④ movie

7 tell (ask) ＋人＋ to ＋動詞の原形

▶▶▶ p.109

Exercise 1 ① 母は私に花に水をやってちょうだいと言いました。 ② 私は父に新しい携帯を買ってくれるように頼みました。 ③ ポールに夜７時過ぎに私に電話をかけなおすようにお願いできますか。 ④ 母はいつも私にそんなに携帯を使わないように言います。

Exercise 2 ① tell, go, bed ② asked, buy ③ asked, go ④ ask, wash

8 間接疑問文

▶▶▶ p.111

Exercise 1 ① 母がいつ戻ってくるのかわかりません。 ② どうしたら英語が上達できるのかしら。＊I wonder ～かしら ③ とても楽しかったので，時がたつのも忘れていました。＊so ～ that…（とても～なので…） ④ どの服を買うのか決められませんでした。

Exercise 2 ① know ② how ③ know, why ④ know, where

9 主語＋動詞＋目的語（疑問詞 ＋to＋ 動詞の原形）

▶▶▶ p.113

Exercise 1 ① 私は折り鶴の作り方を知りません。 ② 私たちは図書館でコンピュータの使い方を学びました。 ③ ジョンは１人で生活するつもりなので料理の仕方を学んでいます。 ④ 私は何をしたらよいのかわからなかったので父に助けを求めた。

Exercise 2 ① how, to ② what, to ③ where, to ④ what, where

10 主語＋動詞＋目的語 (人) ＋目的語 (疑問詞 ＋to＋ 動詞の原形)

▶▶▶ p.115

Exercise 1 ① 次に何をすべきか（何をしたらよいか）私に教えてください。 ② このコンピュータの使い方をあなたにお教えしましょう。 ③ 祖父は私に野菜の栽培方法を教えてくれます。 ④ 私たちの担任の先生は私たちにどうしたら積極的になれるのか，また，自信を持てるようになれるのか教えてくれました。

Exercise 2 ① how ② how, to ③ how, to, get ④ you , how, to

参考文献

太田洋・日臺滋之. 2006.『英語が使える中学生　新しい語彙指導のカタチ―学習者コーパスを活用して』. 明治図書.

日臺滋之・太田洋. 2008.『授業をグーンと楽しくする英語教材シリーズ６　１日10分で英語力をアップする！コーパスワーク56』. 明治図書.

日臺滋之. 2009.『中学　英語辞書の使い方ハンドブック』. 明治図書.

日臺滋之. 2015.「日本人高大生の自己表現活動を支える日英パラレルコーパスの構築とその活用」. 2013年４月１日～2017年３月31日（科学研究費基盤研究(C)　研究課題番号：25370652, 研究代表者：日臺滋之）Retrieved from https://kaken.nii.ac.jp/d/r/60459302.ja.html

Ellis, R. 1997. *Second Language Acquisition*. Oxford University Press.

Hidai, Shigeyuki. 2015. EasyConc_v.4.3.xlsm, EasyConc_tagged_v.2.2.xlsm, EasyConc_v.4.0.fmp12 [Computer Software]. Tokyo, Japan: Tamagawa University. Retrieved from http://www.tamagawa.ac.jp/research/je-parallel/

Lyttelton, D.・日臺滋之 . 2010.『授業をグーンと楽しくする英語教材シリーズ13　楽しい会話で英文法も身につく！英語スキット・ベスト50―50 Skits for Learning English―』. 明治図書.

Nation, I.S.P. 2001. *Learning Vocabulary in Another Language*. Cambridge University Press, Cambridge.

Nation, I.S.P. 2008. *Teaching Vocabulary: Strategies and Techniques*. Heinle.

【著者紹介】

日臺　滋之（ひだい　しげゆき）

東京学芸大学大学院教育学研究科英語教育専攻修了。長野県，東京都の公立中学校教諭，東京学芸大学附属世田谷中学校教諭を経て，現在玉川大学文学部教授。専門は英語教育学。第44回全国英語教育研究団体連合会（全英連東京大会）中学校授業実演者。下記 Web にて情報発信中。

http://www.tamagawa.ac.jp/research/je-parallel/

（執筆分担　はじめに，本書の構成と使い方，英語学習者のための日英パラレルコーパスとは，３年）

仲　圭一（なか　けいいち）

玉川大学文学部外国語学科英語コース卒業。
東京都練馬区と東大和市の公立中学校教諭を経て，現在目黒区立第八中学校教諭。

（執筆分担　１年）

山田　洋（やまだ　よう）

東京学芸大学教育学部卒業。同大学院教育学研究科英語教育専攻修了，中央大学附属高等学校非常勤講師を経て，現在明治大学付属中野八王子中学高等学校教諭。

（執筆分担　２年）

授業をグーンと楽しくする英語教材シリーズ39
１日10分で話す力・書く力が身に付く！
中学生のための英語表現 BINGO

2016年８月初版第１刷刊　©著　者　日臺滋之・仲　圭一・山田　洋
発行者　藤　原　光　政
発行所　明治図書出版株式会社
http://www.meijitosho.co.jp
（企画）木山麻衣子（校正）坂元菜生子・吉田 茜
〒114-0023　東京都北区滝野川7-46-1
振替00160-5-151318　電話03（5907）6702
ご注文窓口　電話03（5907）6668

＊検印省略　組版所　株式会社ライラック

Printed in Japan　ISBN978-4-18-253729-5